¡Eres un@ chingon@!
haciendo dinero

Autoayuda

Biografía

JEN SINCERO Es la autora del *bestseller ¡Eres un chingón!* Como coach, ha ayudado a miles de personas a transformar sus vidas. Hace unos años dejó su hogar en California para viajar por el mundo e impulsar a la mayor cantidad posible de gente a vivir una vida chingona. Puedes encontrar más información sobre sus actividades, cursos y seminarios en www.jensincero.com

Jen Sincero

¡Eres un@ chingón@!
haciendo dinero
Ordena tus finanzas y crea
una vida de abundancia

Título original: *Your are a badass at making money*

© 2017, Jen Sincero

Diseño de portada: Estudio La fe ciega / Domingo Martínez
Diseño de interiores: María Alejandra Romero Ibañez
Traducido por: Alma Alexandra García Martínez

© 2023, Editorial Planeta Mexicana, S.A. de C.V.
Bajo el sello editorial BOOKET M.R.
Avenida Presidente Masarik núm. 111,
Piso 2, Polanco V Sección, Miguel Hidalgo
C.P. 11560, Ciudad de México
www.planetadelibros.com.mx

Primera edición en formato epub: noviembre de 2018
ISBN: 978-607-07-5292-6

Primera edición impresa en México en Booket: noviembre de 2023
ISBN: 978-607-39-0717-0

Impreso en los talleres de Litográfica Ingramex, S.A. de C.V.
Centeno núm. 162-1, colonia Granjas Esmeralda, Ciudad de México
Impreso y hecho en México - *Printed and made in Mexico*

Para Gina De Vee, que con su sabio consejo,
amistad incondicional y chingonería incansable,
me ayudó a salir de la cochera y a entrar
a una nueva realidad financiera.

INTRODUCCIÓN

Si estás listo para hacer más dinero, puedes hacerlo. No me importa cuántas veces lo hayas intentado y hayas fracasado o si estás tan quebrado que vas a vender tus fluidos corporales por el precio de un boleto de autobús o cuántas veces hayas estado en el mostrador, fingiendo sorpresa e indignación: «¿Está seguro? ¡¿*Declinada?!* ¡Es imposible! ¿Podría pasarla por la terminal una vez más?» No importa lo impensable que pueda parecerte en este momento, puedes hacer montones de dinero. Cantidades de dinero como para comprar una casa y una dentadura de oro a todos tus seres queridos, si eso es lo que quieres hacer.

También me gustaría señalar que no hay absolutamente nada malo en ti si todavía no has averiguado cómo hacerlo. El dinero es uno de los temas más manoseados que existen: amamos el dinero, odiamos el dinero, nos obsesionamos con el dinero, ignoramos el dinero, guardamos resentimientos hacia el dinero, amasamos dinero, anhelamos tener dinero, hablamos mal del dinero; el dinero está tan plagado de deseo, vergüenza y rarezas que es un milagro que podamos pronunciar esa palabra más alto que en un susurro, y, ya ni digamos, que salgamos y con gusto lo traigamos a casa con nosotros. (Me pregunto si has tenido la suficiente valentía de leer este libro en público. Es decir, con el título a plena vista).

Me recuerda mucho a cómo hemos sido condicionados para tratar el tema del sexo, otro medallista de oro en la competencia de los temas que sacan de onda a las personas. En lo que se refiere a tener sexo y hacer dinero, se espera que sepas lo que estás haciendo y que, además, lo hagas increíblemente bien, pero nadie te enseña nada al respecto y no se supone que hables de ello porque es algo inapropiado, sucio y no muy elegante. Sin embargo, el dinero y el sexo pueden proporcionar placeres impensables, traer al mundo una nueva vida e inspirar violencia y divorcios. Nos avergüenza si no lo tenemos; nos avergüenza todavía más admitir que lo deseamos; hacemos cosas totalmente descabelladas (y nos involucramos con personas que no nos atraen en lo más mínimo) con tal de tenerlo, y sé que no soy la única persona que se ha sorprendido a sí misma fantaseando con que un extraño vestido como Batman venga y le dé un poco en una banca en el parque (¿o sí?).

La buena noticia es que si tú —como la mayoría de las personas— tienes una relación problemática y conflictiva con el dinero, tienes la capacidad de sanarla, transformarla y forjar una amistad tan maravillosa con él, que un día despertarás y estarás viviendo la vida que siempre has querido vivir. Y puedes comenzar a hacer que esto cambie en este preciso instante. Todo lo que tienes que hacer es darte cuenta de lo que está impidiéndotelo, tomar nuevas y poderosas decisiones acerca de dónde pones tu atención, aprender más acerca del dinero e ir tras él como si nunca antes lo hubieras hecho. Y eso es justamente lo que este libro va a ayudarte a hacer.

En lo personal, transformé mi realidad financiera tan rápido y de una forma tan espectacular que todos los que me conocen se preguntan todavía qué diablos pasó. Y créeme cuando te digo que si mi trasero en bancarrota y yo pudimos hacerlo, tú también puedes lograrlo sin importar qué tan inseguro o desesperanzado te sientas en este momento; porque no tuve la más remota idea de cómo hacer dinero sino hasta los cuarenta y tantos años. ¡Cuarenta y tantos! Esa es la edad en la que la mayoría de las personas tienen cosas como casas y fondos para la universidad de sus hijos y un entendimiento de cómo funciona el Dow Jones. Mientras tanto, a los cuarenta yo tenía una cuenta bancaria en ceros, una arruga profunda en el entrecejo debido al estrés y una relación de tuteo con Sheila de la agencia de cobranza.

Durante la mayor parte de mi vida adulta fui una escritora independiente que siempre estuvo batallando con un trabajo que pagaba una cantidad tan miserable que resultaba insultante, considerando cuán desafiante era y cuánto tiempo requería. Si en verdad hubiera sacado las cuentas, me habría percatado de qué tan gratuito era mi trabajo. Sin embargo, en lugar de ello elegí negar los hechos, trabajar más duro, quejarme más y, ya sabes, esperar que de algún modo comenzara a ganar carretadas de dinero por arte de magia o ser atropellada por algún millonario que tuviera entonces que cuidar de mí por el resto de mi vida. Mi plan perfecto para salir de mis problemas financieros se basaba, en parte, en tener un montón de complejos acerca del dinero (el dinero es malo, los ricos son asquerosos, no tengo idea de cómo hacer dinero, no tendría idea de qué hacer con él aun si supiera cómo conseguirlo, etcétera), así como en mi perpetuo y tortuoso estado de indecisión. Sabía que era escritora y también sabía que quería hacer algo más que sentarme a solas en una habitación con la bata puesta y escribir el día entero, solo que no sabía qué era lo que quería hacer. Y en lugar de simplemente escoger algo y ver a dónde me llevaba, elegí morderme las uñas hasta sacarme sangre y revolcarme en el lodazal del «no sé qué diablos quiero hacer con mi vida». Por años. Más bien, por décadas. Era muy doloroso. Y devastador. Y absolutamente paralizante. Así es como me encontraba a la avanzada edad de 40 años, viviendo en una cochera adaptada, en un callejón, con el temor a que me hiciera falta ir al dentista, sobresaliendo en la mediocridad financiera en las siguientes formas:

- Comer/beber/llenar mis bolsillos con cualquier cosa que fuera gratuita, independientemente de si de verdad me gustaba o si lo necesitaba.
- Caminar incontables cuadras, en chanclas, para ahorrar cinco dólares de *valet parking*.
- Utilizar cinta adhesiva, en lugar de recurrir a un profesional, para reparar cosas como fugas de agua, correas de zapato rotas y huesos fracturados.
- Reunirme con amigos en un restaurante para cenar, ordenar un vaso de agua (del grifo está bien, gracias; me encanta el agua de grifo de esta ciudad) y explicarle a mis compañeros que realmente no tenía hambre, que, de hecho, me sentía bastante llena. Luego, cuando llegaba a la mesa el pan de cortesía, desaparecía en mi boca en un santiamén.
- Elegir entre tener teléfono y tener seguro de gastos médicos.
- Perder cantidades vergonzosas de tiempo comprando cualquier cosa, desde un televisor hasta un cobertor o una cuchara de madera, investigando a fondo cualquier posibilidad de que existiera una opción más barata, una oferta próxima, un cupón, o preguntándome: «¿es esto algo que podría, tal vez, hacer yo misma?».

Si hubiera invertido la misma cantidad de tiempo y atención que utilicé en volverme loca por no tener dinero, reducir mis gastos, encontrar ofertas, regatear, investigar, devolver, reembolsar, canjear, redirigir y descontar, y me hubiera dedicado de tiempo completo a hacer dinero, habría conducido un auto con un limpiaparabrisas en buen estado muchos años antes de lo que lo hice.

Esta cuestión de hacer dinero no implica no volver a tomar decisiones de compra inteligentes e informadas o no alegrarte de haber encontrado una buena oferta o no atiborrarte de pan. Implica darte a ti mismo las opciones y el permiso de ser, hacer y tener cualquier cosa que ilumine tu vida, en lugar de actuar como víctima de tus circunstancias. No se trata de fingir que todo es maravilloso (me encanta tener tres compañeras de cuarto, ninguna de las cuales sabe cómo utilizar una esponja o una maldita escoba) por miedo a ser juzgado o a hacerlo fatal o porque va a ser demasiado difícil o no va a ser divertido o va a estar fuera de tu alcance, sino, más bien, se trata de enfocarte en hacer más dinero para tener la posibilidad de tener tu propia casa. Se trata de crear riquezas que te proporcionen la vida que amarías vivir en lugar de conformarte con lo que piensas que puedes obtener.

La capacidad humana de racionalizar, defender y aceptar el drama autoimpuesto es increíble. Especialmente porque tenemos dentro de nosotros el poder de elegir y crear realidades absolutamente fenomenales. Lo vemos todo el tiempo en las personas que se encuentran en relaciones miserables o incluso abusivas: «Se siente muy triste y muy mal después de engañarme. Me rompe el corazón. Además, el sexo de reconciliación es súper ardiente». Lo vemos cuando las personas insisten en quedarse en un empleo que aborrecen: «A la hora del almuerzo me la paso llorando sentada en las escaleras. ¡Estoy tan deprimida! Pero el seguro médico es buenísimo». Mientras tanto, su espíritu y su tiempo en esta Tierra se van por el caño.

....

El tiempo que ocupas racionalizando la mediocridad
podrías ocuparlo en crear cosas magníficas.

....

Tienes una oportunidad única, breve y gloriosa en el planeta Tierra de ser la persona que eres en realidad y tienes el poder de crear cualquier realidad que desees. ¿Por qué no ser el más grande, el más feliz, el más generoso y plenamente realizado humanoide que puedas ser?

Después de cuarenta y tantos años de ir por la vida subsistiendo, finalmente ya no pude soportar escucharme decir mis mantras preferidos: «no puedo pagarlo» y «no sé lo que quiero hacer», ni seguir viviendo en lugares tan desagradables y pequeños que podía sentarme en el inodoro, abrir la puerta y freír un huevo, todo al mismo tiempo. (Era como vivir en un bote. O en un huevo). Ya no podía sentarme y ver a toda esa gente allá afuera arrasando con todo, ganando un dineral haciendo lo que amaban hacer, consintiendo a su amigos llevándolos a cenar a lugares elegantes, donando mucho más que cinco dólares y una nota de agradecimiento a las organizaciones de caridad con las que se identificaban, viajando por el mundo con todos los lujos, usando zapatos que ningún extraño había usado antes: en esencia, viviendo la vida que yo quería vivir. Yo era igualmente inteligente, talentosa, encantadora y atractiva… ¿Cuál era mi maldito problema? ¿Qué estaba *esperando*? Sin importar qué tanto me quejara o me asustara o tratara de convencerme de que mi desvencijada vida era tan buena como podría ser, debería ser, o llegaría a ser, muy en el fondo sabía que yo estaba destinada para cosas más grandes —y también las deseaba—. Me emocionaba mucho oír hablar sobre el fantástico trabajo de alguien como periodista trotamundos o pasar el rato en la casa frente al mar de algún conocido y pensar: *¡Esta podría ser mi vida!* Sin embargo, en lugar de utilizar esa emoción para impulsarme a la acción, de inmediato comenzaban los diálogos dentro de mi cabeza que justificaban el hecho de no ir tras ese sueño. *Bueno, no tengo nada lo suficientemente bien escrito para demostrar que puedo ser una buena periodista. Y no estoy totalmente segura de que eso sea lo que quiero hacer. Además, tengo un gato. Jamás podría viajar por el mundo y abandonar a Bigotes.* Aunque permanecer estancada donde me encontraba parecía más fácil y menos riesgoso que lanzarme al mundo, también me generaba una sensación horrible. Sentía que estaba decepcionándome a mí misma, que era una debilucha, que estaba reprimiéndome, negándome la grandeza, yendo por la vida como una holgazana. Y es que, en esencia, así era.

Saber que podría estar haciendo las cosas mucho mejor, pero que no lo hacía, finalmente se volvió tan insoportable que levanté mi trasero y tomé la decisión inamovible de superar mi miedo y mi aversión al dinero y descubrir cómo ganar más. Y permitirme hacerlo en una forma que quizá no fuera perfecta, pero que al menos se sintiera bien, en lugar de aferrarme al escape seguro de la inseguridad. No hubo un súbito momento de revelación; no escapé milagrosamente de morir en un incendio provocado por grasa, ni me abandonó el amor de mi vida por ser una perdedora, ni tuve una grandiosa epifanía que me cimbrara por dentro. Simplemente no podía soportar más escucharme quejándome. Simplemente, por fin desperté. Y esa es la forma en la que el deseo de realizar un cambio drástico opera en la mayoría de las personas.

Los saltos que tuve que dar para catapultarme lejos de mi insignificante y segura realidad eran, a menudo, aterradores y profundamente desafiantes. Por ejemplo, invertí cantidades alarmantes de dinero en poner un negocio en línea: tomar cursos, contratar mentores, crear un sitio web, contratar para que me tomara fotografías a alguien distinto a mi mano derecha, etcétera. Me arriesgué a parecer una idiota y un fraude porque este nuevo negocio mío tenía que ver con asesorar a otros escritores y nunca antes lo había hecho. Me arriesgué a perder las ya mencionadas alarmantes sumas de dinero construyendo un negocio en línea porque no tenía la menor idea de cómo administrar un negocio en línea. Es más, tampoco un negocio fuera de línea. Incluso decirle a las personas que tenía un maldito negocio me parecía ridículo. Parecía que estaba aparentando, como si simplemente estuviera jugando a la oficina hasta que alguien me atrapara: *¡Solo bromeaba! ¡Lo siento! ¡En realidad no sé lo que estoy haciendo!*

No obstante, a pesar de lo aterrador de cada paso, ni con mucho se acercaba a la frustración de estar constantemente preguntándome cómo iba a terminar de pagar mis préstamos estudiantiles o sentir que estaba desperdiciando mi pequeña vida cuando sabía que podía estar haciendo mucho más. No solo estoy ganando millones de dólares como *coach* y escritora exitosa, sino que estoy escribiendo un libro sobre cómo hacer dinero. Yo, Jen Sincero, ex ladrona de tiendas y parásito buscamonedas en los cojines de los sillones (en los cojines de los sillones de otras personas). Es algo tan impensable como si mi nonagenario padre se volviera una sensación de la noche a la mañana en *Bailando con las estrellas*. Y luego escribir un libro sobre el tema. Milagros. Creo en ellos.

Una de las cosas más increíbles que recuerdo es lo rápidamente —una vez que tomé la sabia decisión de asumir el control de mi desorden financiero— que comenzaron a aparecer en mi vida nuevas oportunidades, ideas y fuentes de ingresos. Estuvieron ahí todo el tiempo, por supuesto; sencillamente estaba demasiado ocupada recortando cupones y enfocándome en mi hastío como para percatarme de ellas. Sin embargo, quiero que sepas que tienes todo lo que necesitas en este momento para comenzar a convertir tu realidad financiera en algo que no te haga despertar gritando a mitad de la noche. Simplemente tienes que estar dispuesto a hacer lo que se requiere. Y esto es lo que se requiere que hagas: acceder a estar muy, pero muy, pero muy, pero muy incómodo. Una y otra vez.

Hemos sido educados para creer que tienes que trabajar duro para ganar dinero —y, ciertamente, hay momentos en los que así es— pero el verdadero secreto es que tienes que asumir riesgos enormes e incómodos. Tienes que hacer cosas que jamás has hecho; necesitas hacerte visible, reconocer tu propia grandeza, arriesgarte a parecer estúpido. No solo debes admitir que deseas —y debes comprometerte a crear— riquezas, sino, lo más importante, debes permitirte hacerlo. Asumir riesgos es incómodo, pero es el tipo de incomodidad que igualmente te hace decir *¡wow!* y *¡vamos!* El miedo y la emoción son dos caras de la misma moneda, y esa es precisamente el tipo de incomodidad de la que hablo. También conocida como una descarga, es la incomodidad crucial y electrizante de vivir en grande y estar a cargo.

Mi esperanza es que leas este libro una y otra vez y hagas todo lo que dice; que escuches los gritos de tu corazón y no tus dudas y miedos, y que continuamente des saltos valientes hacia lo desconocido. He visto innumerables clientes y amigos y personas que conozco en fiestas teniendo este tipo de conflictos en relación con el dinero; es como ver gente muriéndose de hambre cuando existe un buffet al otro lado del pasillo donde puedes comer todo lo que quieras. El dinero que deseas está al alcance de tu mano. Las oportunidades, los clientes, los instructores, las brillantes ideas generadoras de dinero, todo está aquí, ahora, esperando que despiertes, que les permitas entrar y que hagas que la fiesta comience.

CAPÍTULO 1

DARTE PERMISO

Tengo una amiga que tiene una enorme colección de búhos. Todo comenzó cuando una tarde, enfrente de su madre, compró inocentemente una figura de un búho tallada en madera. «Mmmm, ¿no es lindo?» Su madre, a su vez, dio el grito de guerra en la familia; la noticia se esparció como pólvora y mi amiga es ahora la aterrorizada dueña de agarraderas para cosas calientes en forma de búho, relojes en forma de búho, aretes en forma de búho, pantuflas con forma de búho, playeras con estampados de búhos, almohadas con bordados de búhos, saleros y pimenteros en forma de búho, búhos de peluche, jabones de tocador en forma de búho… mismos que recibe en cumpleaños, festividades y graduaciones. La aterradora bandada desciende y se posa en sus repisas, cuelga de sus paredes, se asoma en su clóset: es como una película de terror.

«No sé cómo se salió de control todo esto», se quejó en una ocasión mientras desenvolvía un adorno de pared bordado en punto de cruz que le regaló su cuñada que decía: *Un búho siempre te considera un amigo.* Esto continuó durante varios años hasta que, finalmente, se armó de valor y puso un alto a la situación, expresó su profundo agradecimiento y declaró que su mundo, a partir de ese momento, era una zona libre de búhos. Sus amigos y familia se mostraron sorprendidos, ofendidos e indignados, y aunque el embate se detuvo con el paso del tiempo, la trataban como si estuviera loca. «Muy bien, si eso es lo que quieres, pero…»

A las personas les encanta decirte lo que deberías y no deberías querer, independientemente de cómo te sientas al respecto. Y, lo que es todavía peor, somos tan maleables que si les prestamos oídos durante el tiempo suficiente nos diremos *a nosotros mismos* lo que deberíamos y no deberíamos querer, independientemente de cómo nos sintamos en el fondo. Si no tenemos cuidado podemos quedarnos atorados por años, o incluso vidas, en situaciones que nos provocan dolor, porque preferimos defender estas «no verdades» que molestar o decepcionar a alguien, incluyendo a nuestro propio crítico interno. Preferimos hacer lo que se espera de nosotros en lugar de darnos permiso de ser, hacer y tener lo que nos hace sentir bien, a gusto y felices.

Por ejemplo, cuando hice uno de mis primeros intentos por escaparme del apestoso agujero financiero en el que me encontraba desde hacía mucho tiempo, terminé arrastrándome de vuelta a él aunque estaba desesperada por salir. Mi intento involucró un libro titulado *La ciencia de hacerse rico*, escrito por un tipo de la vieja escuela llamado Wallace Wattles. No recuerdo qué fue lo que me inspiró finalmente a empezar a leerlo. Pudo haber sido cualquier cosa. ¿Acaso fue cuando mi gato necesitó puntadas y yo no podía pagarlas y me daba demasiado asco coserlo yo misma? ¿O cuando perdí la capacidad de voltear la cabeza hacia la izquierda y decidí que era momento de comenzar a dormir en un colchón y no en mi futón de la universidad? ¿O aquella vez en la que por accidente le regalé un par de candeleros a la misma persona que me los había regalado y juré que a partir de ese momento solo haría regalos personalizados? Lo que sí recuerdo, palabra por palabra, es el primer enunciado de ese libro, porque mientras estaba sentada leyendo en mi sala/cocina/comedor/recámara/cuarto de huéspedes, el primer enunciado de ese libro saltó y me escupió en la cara, ofendiéndome hasta lo más profundo. Decía así: *Se diga lo que se diga como elogio a la pobreza, es un hecho que no es posible que una persona viva una vida verdaderamente completa y exitosa a menos que sea rica.* ¡Se diga lo que se diga! ¡Wattles! ¡Muchísimas personas son pobres y felices y se sienten completas y afortunadas!

El hecho de que yo misma fuera pobre y estuviera muy lejos de sentirme afortunada o completa como resultado, aparentemente resultaba irrelevante. El asunto es que había pasado toda una vida insistiendo santurronamente que ser rico era algo sobrevaluado y repugnante, y no iba a retractarme tan fácilmente sin importar qué tan en bancarrota tuviera que permanecer para demostrarlo. Podía manejar la idea de tener más dinero, pero ¿decir que tenías que ser rico? Eso era inaceptable. Me indignó tanto que Wattles fuera tan ignorante y superficial que no solo cerré de golpe el libro y no volví a abrirlo hasta varios años más tarde (en ese momento, ejem, cambió totalmente mi vida), sino que también seguí sin ganar gran cosa de dinero durante los siguientes años.

En su lugar, seguí trabajando muy duro, aceptando un trabajo mal pagado por aquí y por allá, escribiendo artículos, haciendo servicios de banquetes, cuidando niños, tejiendo, intentando vender lo que tejía, etcétera. Aunque mi plan era tortuoso, requería demasiado tiempo y estaba lejos de volverme rica en poco tiempo (por ejemplo: costo de la madeja + tiempo que toma tejer un caftán + cobrar por lo menos cinco mil dólares por dicho caftán = en verdad, no vale la pena), aparentemente para mí valía más la pena seguir haciendo las cosas de la manera como las venía haciendo que trabajar en mis creencias negativas relacionadas con el dinero y cambiar lo que estaba haciendo. Estaba más apegada a mis verdades acerca de lo malo que era el dinero y a mis creencias relacionadas con mis capacidades para (y mi derecho a) hacer dinero que a mi deseo de ya no comprar la comida en las tiendas de dólar.

Gracias a mi experiencia consumada como persona gruñona y en bancarrota, y a mis muchos años de asesorar a innumerables personas en el tema de la riqueza, he descubierto que pocas cosas hacen que las personas quieran pelear, vomitar o pedir la devolución de su dinero como decirles que deben ser ricas para ser exitosas y sentirse completas.

....

Uno de los mayores obstáculos para hacer un
montón de dinero no es la falta de buenas ideas u
oportunidades o tiempo, o que no sepamos vestir bien
o seamos estúpidos; es que nos negamos a darnos
permiso de volvernos ricos.

....

Veo una y otra vez el pataleo y los gritos que dicen que, a final de cuentas, lo más importante es pasar tiempo con tus seres queridos, mirar los atardeceres, regocijarte con la risa de los niños que juegan, ayudar a una anciana a cruzar la calle y otras cosas que el dinero no puede comprar, y no voy a rebatirlo, pero siempre pregunto lo siguiente: ¿por qué diablos sale esto a colación cuando discutimos el tema de ganar dinero? ¿Cuándo se convirtió en una cuestión de una cosa o la otra? No se trata de que, si participas en la búsqueda de la riqueza, jamás vayas a volver a asistir a una reunión familiar, o no vayas a volver a abrazar a un cachorro, o no vayas a caminar de puntitas entre los tulipanes. De hecho, si lo haces correctamente, podrás darte el lujo de pasar todavía *más* tiempo disfrutando de esos momentos de alegría. ¡Y lo harás con estilo! Sin mencionar que podrás pagar la gasolina que le pondrás a tu auto para llegar a la reunión familiar, comprar los *hot dogs*, llegar con ropa puesta y maravillarte por los famosos trucos que el tío Carl hace con las cartas, sin tener que estar pensando en tu deuda aplastante o cómo vas a lograr que tu tío te preste dinero para pagar la renta de ese mes tan pronto como tenga encima unas cuantas cervezas.

Todo mundo llega a este planeta con deseos, dones y talentos únicos, y a medida que viajas por la vida, tu trabajo consiste en descubrir cuáles son esos deseos, dones y talentos, cultivarlos y convertirte en la versión más auténtica, jubilosa y chingona de ti mismo. Para poder hacer esto, como un ser humano que vive en una sociedad moderna en el planeta Tierra, debes ser rico. Y permíteme aclarar a qué me refiero cuando digo rico, no sea que pienses que estoy diciendo que tu vida es inútil a menos que tengas una mansión y un yate:

RICO: Persona capaz de pagar todas las cosas y experiencias requeridas para experimentar plenamente una vida más auténtica.

Aunque la cantidad de dinero que necesites dependerá de quién eres y qué deseas, no hay nadie en este mundo que obtenga las cosas gratis. N A D I E. Vivimos en un mundo en el que, nos guste o no, casi todo lo que está involucrado en tu crecimiento, tu búsqueda de la felicidad y tu autoexpresión cuesta dinero. Por ejemplo, si eres artista, tus riquezas pueden irse en cosas como pintura, lienzos, brochas, un estudio, viajes a lugares que te inspiran y te llenan de ideas, salir a cenar con amigos y colegas artistas para mantener tu espíritu y tu energía elevados, contratar una empresa de relaciones públicas, alguien que saque a pasear a tu perro mientras tú trabajas, un entrenador personal y un DJ para la inauguración de tu exposición, pagar la entrada a museos, comprar comida saludable, música que escuchar, clases, anteojos y una boina.

Tus necesidades son un asunto verdaderamente inquietante, colmado de culpas, confusión y miedos, y la única persona que puede responder la pregunta de qué necesitas verdaderamente para ser tu versión más alegre eres tú. El truco consiste en tener las cosas muy claras en medio de la interminable oferta de opiniones internas y externas. Por ejemplo, quizá tuviste una experiencia similar a esta. Acabas de pasar un rato en la lujosa casa de alguien y te vas sintiéndote algo así como: *¡Yo también quiero que toda mi casa tenga bocinas de audio instaladas en el techo! ¿Cómo es que he estado viviendo todo este tiempo sin ellas?* Al poco tiempo visitas a una amiga que lleva puesta la misma ropa que se ponía en la universidad hace más de 20 años, que sigue conduciendo el mismo auto destartalado y escucha el mismo maldito estéreo, porque siente que para ella estas cosas son suficientes (¿para qué crear más basura tirándolas y comprando cosas más actuales?). Y, de repente, te encuentras sintiéndote sucio por querer un enorme y elegante estéreo y bocinas en tu cuarto de lavado.

Jamás va a dejar de haber opiniones e información en conflicto en lo que se refiere a las decisiones que tomes en la vida, y esto se aplica especialmente a algo tan controvertido como el dinero. Dependiendo de quién nos educó, la sociedad en la que crecimos y las personas que estuvieron a nuestro alrededor, nuestra mente puede estar atestada de pensamientos que nos hacen creer de todo: desde la importancia fundamental de tener mucho dinero para tener lo mismo que tus vecinos, hasta alimentarte de migajas y dormir en un catre para ser una persona buena y noble. Todo lo que importa es lo que tú creas, y esa es la razón por la cual volverte un experto en escuchar tu intuición y tu corazón e ir detrás de tu felicidad resulta fundamental. Y esa es la razón por la que quiero crear conciencia sobre el siguiente punto: si te permites ganar todo el dinero que necesitas para prosperar y hacer realidad tus deseos, eso no significa que seas o que vayas a ser un bastardo avaro, egoísta y ruin.

....

Un deseo saludable de tener riquezas no es codicia;
es deseo de vivir la vida.

....

Deseo significa, literalmente, *de sire*, «del padre», y ya sea que creas o no en Dios, tus deseos te fueron conferidos cuando te volviste quien eres, junto con otras cosas que te distinguen, como tu rostro, tu personalidad y tu afición por la costura. Son exclusivas de ti, definen la esencia de quién eres y actúan como el mapa de tu vida. Tus deseos te fueron otorgados por la Inteligencia Universal que creó todo lo que existe con el propósito explícito de que los expresaras durante tu vida.

Como miembro de la especie humana, eres parte de la naturaleza, y todo lo demás que existe en la naturaleza ha sido provisto con todo lo necesario para manifestar su deseo de florecer y prosperar, así que ¿por qué no habría de ser así contigo? La naturaleza es una máquina bien afinada y bien pensada que entraña la máxima expresión y perpetuación de la vida. La Madre Naturaleza sacó mención honorífica en gestión de sistemas y reabastecimiento de recursos; lo domina a la perfección. Es cuando la humanidad se vuelve loca, temerosa y codiciosa que la naturaleza se desequilibra. Contaminamos, desmantelamos y destruimos a nuestra querida amiga Tierra en formas espeluznantes y, a menudo, irreparables, cuando actuamos a partir del miedo en lugar del deseo de colaborar con nuestro planeta y las criaturas que lo habitan. Acaparamos los recursos, nos da miedo que no vaya a haber suficiente para subsistir porque somos indignos a menos que tengamos más, más y más. Contaminamos nuestra agua, nuestro aire y nuestra tierra y devastamos nuestros bosques para reducir costos o para hacer montones de dinero porque somos inconscientes e inseguros, y, por consiguiente, nos obsesionamos con el poder. Aunque es imposible vivir en la Tierra y no generar algún tipo de impacto, si nosotros, los humanos, estuviéramos en armonía con nuestro yo superior, alimentando nuestros deseos en lugar de nuestros miedos, en sintonía con la Madre Naturaleza, dando y recibiendo de una forma saludable, colaborativa y consciente, este planeta se encontraría en un estado maravilloso.

La naturaleza, en su totalidad, siempre está moviéndose, creciendo, cambiando, reproduciéndose, evolucionando. Es lo máximo. Hasta el Universo mismo se expande. De igual modo, no se supone que tú simplemente sobrevivas, que te quedes estancado, que te conformes; se supone que sigas creciendo y prosperando. Igual que el árbol que absorbe nutrientes, agua y la luz del sol, que crece a su máxima y más espléndida altura y deja caer montones de basura en nuestro patio que luego engendrará a la siguiente generación de árboles, y la rana que milagrosamente crece a partir de un huevo y se convierte en un renacuajo y, luego, en un adulto, tú también estás destinado a alcanzar la máxima expresión del tú que eres, a inspirar y engendrar magnificencia en los demás y utilizar todos los recursos que necesites a lo largo del camino.

....

Todos tenemos semillas de chingonería inimaginable
en nuestro interior; sin embargo, solo algunos de
nosotros nos permitimos crecer.

....

La diferencia es, por supuesto, que, contrario al árbol y a la rana, tú eres un humano. Así pues, a menos que tu verdad involucre vivir en una cueva en una tierra exenta del pago de alquiler y tallar imágenes de caribúes en la pared con una piedra mientras comes nueces y bayas que no sean propiedad de Monsanto, pretender que puedes llegar a grandes alturas sin los fondos apropiados es una locura. De hecho, si estás aquí para convertirte en la más grande y más generosa versión de ti mismo —lo cual es así— y si eso cuesta dinero —y así es— es tu *deber*, como un hijo sagrado de la Madre Naturaleza, volverte rico.

Aun si pudiéramos vivir con lo que tenemos a nuestro alcance, sentados bajo un manzano junto a una corriente interminable de agua fresca llena de peces, con un mesero que nos traiga cocteles y que venga cada dos horas a ver qué se nos ofrece, con el paso del tiempo nos aburriríamos, buscaríamos nuevas tierras, querríamos ir a dar un paseo en bicicleta o algo por el estilo. Los humanos somos curiosos por naturaleza; nuestro deseo de seguir evolucionando física, mental y espiritualmente forma parte de quienes somos, y es por eso que conformarnos, quedarnos estancados en una rutina y navegar por las aguas tibias de la mediocridad (o algo peor) resulta tan insoportable.

....

Todas las criaturas de la Madre Naturaleza están
diseñadas para florecer plenamente antes de morir.

....

Tú, igual que todas las cosas vivas, estás destinado a ocupar un espacio en este planeta. Empequeñecerte y negarte las cosas que te proporcionan gran alegría, vivir bajo una nube de culpa, rehusarte a tener un impacto no son las razones por las que estás aquí. La Tierra no está aquí para que la saqueemos, sino para que la disfrutemos, cuidemos de ella y la apreciemos. Que vivas tu vida al máximo y ganes todo el dinero que se requiere para hacerlo no le quita nada a nadie más de lo que ayudaría el hecho de que rechazaras un sándwich de jamón porque alguien, en algún lugar, está muriéndose de hambre.

....

La codicia proviene de la misma mentalidad de
carencia que la pobreza.

....

Permanecer en bancarrota porque temes que ser rico sea algo repugnante o porque tienes miedo de no merecer dinero o de que ser rico de algún modo le impida a alguien más ser rico, también es una creencia que tiene sus raíces en la carencia. La carencia es el estado en el que te encuentras cuando crees que necesitas algo, cuando crees que aquello que tú deseas no existe, cuando tu perspectiva de la vida es *un vaso que tiene un agujero en el fondo* y no *un vaso que está medio lleno*. Una mentalidad de carencia cree que no hay suficiente para vivir, que no eres suficiente o suficientemente digno para prosperar; que el dinero que gastas puede no regresar jamás a ti, etcétera. Atiborrarte de dinero, de cosas y experiencias también se basa en el miedo y la carencia: miedo a no tener jamás suficiente; miedo a no estar seguro, miedo a no ser digno de ser amado; tratar de llenar un barril sin fondo en tu corazón. Nada en exceso es saludable: la glotonería es tan devastadora como la anorexia. Negarte los deseos de tu corazón no es algo noble; es un desperdicio de unos muy buenos deseos. Y le niega al mundo la oportunidad única de disfrutar más de ti.

Si alguna vez te sientes desesperanzado debido a todo el dolor y el sufrimiento que hay en el mundo, y te preocupas y dices: «¿quién diablos soy yo para volverme rico cuando otros mueren de hambre y están siendo bombardeados en sus países y esclavizados?», debes saber esto: una de las mejores cosas que puedes hacer es volverte rico. Porque por la forma en la que nuestro mundo está estructurado, el dinero y el poder están entrelazados, así que si quieres ayudar a crear un cambio positivo, el dinero es una de las herramientas más efectivas que puedes utilizar para lograrlo. Sí, puedes donar tu tiempo, organizar, realizar protestas, ejercer presión, alertar a las masas, publicar diatribas llenas de indignación en Facebook, pero serás mucho más efectivo si tienes energía, las opciones y la libertad que acompañan a no tener problemas financieros, sin mencionar los recursos para gastar en lo que consideres conveniente. En lugar de quejarte y ponerte furioso por los imbéciles obsesionados con el poder y la avaricia que le están haciendo tanto daño al planeta y darles todavía más poder al permanecer en bancarrota porque no quieres ser como ellos, ¿por qué mejor no te enfocas en hacerte rico de modo que puedas marcar una gran diferencia? Puedes hacer cosas muy buenas con el dinero; no permitas que los idiotas que lo mancillan lo arruinen para ti.

No puedes dar lo que no tienes, así que si quieres ayudar a otras personas tienes que hacerte cargo de ti mismo primero. Es por eso que siempre te dicen en los aviones que tienes que ponerte la mascarilla de oxígeno antes de ayudar a alguien más con la suya. Tienen que recordarnos esto porque es algo contrario al sentido común. A menos que seas un sociópata, tu *naturaleza* es ayudar. Pocas cosas alegran más el corazón de un ser humano que ayudar y dar alegría a otras personas. Confía en el hecho de que cuando te encuentres en una buena situación financiera te sentirás todavía más equilibrado e inspirado para repartir amor.

Nuestro mundo, ahora más que nunca, necesita que la mayor cantidad de personas compasivas, creativas, de gran corazón y conscientes sean tan ricas como sea posible para que podamos hacer un cambio. Es decir, ¿te imaginas si tú y todas las personas a las que amas y respetas tuvieran montañas de dinero? ¿Y qué tal si se sintieran agradecidas y empoderadas, y no despreciables y culpables? ¿Qué tal si pudieran gastarlo en sí mismas y en otras personas y en salvar a nuestro planeta en formas que elevaran el espíritu de todos los involucrados? Por favor, tómate un momento para visualizar de verdad los detalles de todo esto ya que te atañen a ti y a las personas maravillosas que hay en tu vida. Tómalas una por una e imagina cómo se sentirían, en quién se convertirían, en qué gastarían su recién adquirida fortuna. Si tus amigos son como los míos, el concepto de ser rico se convierte en algo sobre lo cual vale la pena escribir una canción.

....

No existe tal cosa como algo demasiado maravilloso.

....

Voy a proseguir y a decir en voz alta (¿gustas acompañarme?): me encanta el dinero. No hay necesidad de dar explicaciones u ofrecer disculpas. También me encanta la pizza y puedo decirlo sin tener que añadir un montón de aclaraciones: *Me encanta la pizza, pero, tú sabes, no lo es todo en la vida. También es importante pasar tiempo con tus seres queridos y ser una persona servicial.* Recuperemos la palabra «dinero» y despenalicémosla, porque, a menos que lo hagas, no vas a estar extraordinariamente motivado a permitirte ganar mucho. He estado en quiebra y triste, rica y triste, en quiebra y feliz, rica y feliz, y prefiero la versión de riqueza por encima de la versión de pobreza, porque el dinero te da libertad y opciones y en verdad me gustan la libertad y las opciones. ¿A quién no?

Ya que estamos en esto, sigamos adelante y despenalicemos a la gente rica, ¿te parece? Contrario a la creencia popular, los ricos son, simplemente, personas; no son intrínsecamente indecentes y tampoco merecen ser asesinados, devorados o robados. Vivimos en una sociedad que ha hecho de juzgar a las personas que tienen mucho dinero un deporte, así que independientemente de cómo te sientas en tu mente consciente en relación con los ricos (por ejemplo, *¡algunos de mis mejores amigos son ricos!*) es importante que estés consciente de cualquier creencia negativa que puedas albergar en lo profundo de tu ser. Por supuesto, existen algunas personas ricas que son absolutamente terribles, pero algunas son maravillosas, igual que algunas personas pobres son absolutamente terribles y otras son maravillosas. El problema es que es socialmente aceptable hacer una expresión de desagrado cuando vemos a alguien manejando un Bentley o cuando habla acerca de los muchos dólares que ganó este año, mientras que es parte de la conversación normal quejarse de lo quebrado que estás o anunciar que te compraste unas botas por solo cinco dólares en una tienda de cosas donadas. El esnobismo funciona en ambas direcciones: si eres rico, pensar que eres mejor que quienes no lo son es igual de patético que estar en la quiebra y pensar que eres mejor que quienes son ricos. Comienza a prestar atención a cualquier comentario despectivo que salga de tu boca o de tu mente en lo que se refiere a la gente rica, porque si planeas ser uno de ellos va a ser mucho más fácil si verdaderamente apruebas a la persona en la que te estás convirtiendo.

Respira profundamente, confía en tus deseos y acepta el hecho de que tu búsqueda de riquezas es una búsqueda para convertirte cada vez más en quien realmente eres. No todos deseamos vivir una vida colosal y sofisticada o resolver el problema de la hambruna en el mundo; no se trata de eso. Se trata de que te permitas ser la persona más chingona que puedas ser, independientemente de qué signifique eso para ti. Estás destinado a prosperar, y al prosperar automáticamente ayudas a otras personas a prosperar también. Piénsalo: el simple hecho de estar junto a una persona que está siendo quien es en realidad, que ama la vida, que la vive plenamente, que cree que todo es posible, a quien le emociona vivir la aventura de caminar por este planeta, quien se permite a sí misma hacer el ridículo, fracasar, tener éxito, ser rica, generosa y, en esencia, ser, tener y hacer todas las cosas y vivir todas las experiencias que permiten que sea más ella misma, te hace sentir que puedes ir y voltear un auto, ¿no es así? Así pues, ¿por qué no ser eso para alguien más siendo la mejor versión de ti que puedes ser?

Si eres un activista político, sé tan activo como puedas; si eres músico, dale con todas las ganas del mundo; si eres abogado, lucha por lo que es justo; si eres un ama de casa, cría hijos maravillosos con magníficos modales. Todo cuenta, todo contribuye, todos somos igualmente necesarios; no es una competencia. No hay lugar para que todos hagamos las mismas cosas de la misma manera, esa es la razón por la que deseamos ocupar nuestro propio espacio especial en el mundo con nuestra propia personalidad especial. Entiende que tus dones, talentos y deseos te fueron dados porque estás destinado a prosperar y a compartir con el mundo tu esencia como solo tú puedes hacerlo. Por favor, por favor, date permiso de ser tan rico como necesitas ser para entregarnos tu grandeza.

HISTORIA DE ÉXITO: SI ÉL PUEDE HACERLO, TÚ TAMBIÉN

Charles, de 54 años, pasó de ganar 20 000 dólares al año a ganar más de 145 000 en menos de siete meses:

Siempre pensé que me gustaba el dinero, pero me di cuenta después de un tiempo de que tenía problemas con él porque nunca tenía nada. Después de realizar una seria introspección comprendí que como crecí en la pobreza en un hogar disfuncional y mi padre nunca nos dio un solo centavo de pensión alimenticia, el mensaje que recibí y que llegué a aceptar como verdad es que no valgo nada. Así que, a lo largo de mi vida, cuando las oportunidades se presentaron a mi puerta, de algún modo permití que esa creencia subyacente saboteara cualquier éxito.

Comencé a recitar mantras de ánimo sobre mi grandeza y solía dar las gracias al Universo, a todos y a todo lo que me rodeaba por las cosas que todavía no había recibido. Y eso me cambió; me elevó y me convirtió en una persona más positiva, y me puse a hacer cosas que no creía que fueran posibles, pero, de todos modos, las hacía. También comencé a adquirir habilidades para superarme, algunas a un costo elevado.

Practiqué hacer cientos de entrevistas de trabajo hasta que me volví experto en ello. Una cosa que ayudó fue que observaba a quienes me rodeaban, incluso a quienes me contrataban, y me di cuenta de que yo estaba mucho más preparado y capacitado que ellos. Mi confianza poco a poco comenzó a desarrollarse.

Seguí acudiendo a entrevistas y terminé en mi empleo actual, donde gano más de 145 000 dólares al año.

Actualmente, vivo en la mejor casa en la que jamás haya vivido; mis hijos estudian en las mejores escuelas en las que hayan estudiado, yo conduzco el mejor auto que alguna vez haya tenido y tengo lujos que jamás había imaginado que pudieran ser posibles. Mis dudas sobre mi valía todavía surgen de vez en cuando, pero sigo trabajando en ello y sé que puedo superarlo. Es una sensación maravillosa.

PARA SER RICO

Mantra de dinero sugerido (dilo, escríbelo, siéntelo, hazlo tuyo):
Amo el dinero porque me amo a mí mismo(a).

Por favor, escribe al menos 10 respuestas para cada uno de los siguientes puntos:

1. Haz una lista de todas las razones por las que mereces tener dinero.
2. Haz una lista de algunas de las cosas hermosas que han ocurrido en este mundo gracias al dinero.
3. Haz una lista de todas las cosas y experiencias grandiosas que el dinero aportaría a tu vida.
4. Haz una lista de cómo el hecho de que seas rico beneficiará a otras personas.

Por favor, llena el espacio en blanco:
Estoy agradecido(a) con el dinero porque _____
_____.

CAPÍTULO 2

POR QUÉ NO ESTÁS NADANDO EN DINERO. TODAVÍA.

Cuando era niña, de vez en cuando mis padres nos vestían elegantemente a mis hermanos, a mi hermana y a mí, nos subían a un avión e íbamos a visitar a la familia de mi papá en su ciudad natal en Nápoles, Italia. Tengo recuerdos muy vívidos y aleatorios de esos viajes: mi primer vaso de jugo de naranja de color rojo oscuro, increíblemente púrpura y delicioso, que me tomaba a sorbos en el balcón de nuestra habitación de hotel con mis pies desnudos sobre la barandilla. El gigantesco loro verde de mi abuelo, que nos gritaba en italiano (¡en italiano!, ¡un loro!). Mi tía Lucía, dándonos la bienvenida agitando los brazos por encima de su cabeza con un gran entusiasmo antes de abrazarnos y el impactante montón de pelo que tenía en la axila, totalmente a la vista, algo que nunca había visto en una mujer y que resultaba espantosamente obsceno para mi sensibilidad estadounidense; era como si nos recibiera abriendo las piernas frente a mi cara.

Durante uno de esos viajes, cuando tenía alrededor de siete años, mi tío Renato llevó a toda la pandilla a su restaurante de mariscos favorito, un lugar con vista al agua con un enorme patio lleno de mesas de picnic. La horda de primos, hermanos, tías, tíos, familia política y abuelos de apellido Sincero competían por tener un lugar privilegiado en las dos grandes mesas, y, por algún golpe de suerte, en medio del caos, yo logré apoderarme del más codiciado de los asientos, justo junto a mi padre.

Mi padre era el foco de atención de todo en estos viajes, no solo porque era como una celebridad —el flamante hijo mayor regresaba a casa con su hermosa esposa estadounidense, su orgullosa progenie y su carrera como doctor— sino, principalmente, porque él era el único que hablaba tanto italiano como inglés. Esto significaba que cada vez que alguien decía algo, cuatro largas filas de bancas de picnic y 20 pares de ojos estaban fijos sobre él, parpadeando a la espera de que dijera algo ingenioso o alguna anécdota que nos permitiera voltear a vernos unos a otros y reírnos, asentir, y sentir esa sensación de tribu que sienten las familias que en verdad entienden qué demonios está diciendo la otra persona.

Justo después de que nos sentamos, el propietario o el chef o alguien importante vino a nuestra mesa e hizo un gran espectáculo al saludar al tío Renato, quien claramente era una celebridad por derecho propio, y hubo muchos saludos de mano y muchos pellizcos en las mejillas y recibimientos con un *benvenuto* antes de que el hombre aplaudiera y anunciara: «¡Bienvenidos amigos! ¡Espero que tengan hambre!» y desapareciera dentro del restaurante. Momentos después, un río constante de comida que continuaría sin parar durante las siguientes cuatro horas, comenzó a aparecer frente a nosotros.

En algún momento, la mesera trajo un plato que tenía en la parte superior unas cosas fritas en forma de círculo y mi papá me puso en su regazo y me dijo que probara uno.

—¿Qué es? —pregunté.

—Solo pruébalo.

—Sí, pero ¿qué es?—. En lugar de responderme, se volteó al resto de la mesa, señaló el plato, y dijo algo en italiano, donde las únicas palabras que entendí fueron «Jennifer», *«mangia»* y la risa que siguió. Ahora había cuatro filas de bancas de picnic y 20 pares de ojos observándome a mí y a ese estúpido plato de círculos fritos a los que, de pronto, comencé a tener miedo. Mi padre, a pesar de su estatus de celebridad, es un tipo bastante tímido, y el juego de verdad o reto realmente no es su especialidad, todo lo cual me hizo pensar que fuera lo que fuere que se encontrara en ese plato debía ser algo realmente malo si estaba dispuesto a armar todo este escándalo.

Mi mente de inmediato pensó en gusanos. No podía ser ninguna otra cosa. Oyes hablar todo el tiempo sobre esos países lejanos donde comen cosas como tarántulas y ojos y cerebros, así que, por supuesto, algunas personas deben comer gusanos. Imaginé cómo sería posible que alguien hiciera un círculo con un gusano, lo capeara y lo friera en aceite abundante. Quiero decir, ¿con qué otra criatura podrías hacerlo? La respuesta: solo con gusanos.

Aunque este pensamiento resultaba profundamente perturbador, detestaba que me engañaran, y todavía detestaba más perder en el juego de verdad o reto, así que, frente a toda la Nación Sincero, me metí un misterioso círculo a la boca y lo mastiqué, conteniendo las náuseas y haciendo muecas mientras esperaba que el gusano explotara. Sin embargo, para mi gran sorpresa, no había vísceras, y, más bien, era como comer un trozo de hule: correoso, insípido y soso. Mi padre luego me gritó a la cara: «¡es calamar!» Y todo mundo soltó la carcajada y aplaudió y mi tía Alberta me dio unas palmaditas en la cabeza y yo me recluí en un hoyo negro, profundo e hirviente de odio y humillación que me hizo ponerme de pie y salir huyendo al baño en un mar de lágrimas.

Yo era una niña a la que le gustaba el pescado. Si hubiera sabido la verdad acerca de qué estaba llevándome la boca pude haber evitado las arcadas, el drama y los regaños que recibí más tarde ese día por patear a mi hermano duro en la barbilla cuando me imitó tratando de tragar un gusano. Y eso me lleva al meollo de esta historia:

....

> Nuestras «realidades» son producto de nuestra
> imaginación: experimentamos cualquier cosa que nos
> obliguemos a creer.

....

En lo que se refiere a formar y transformar nuestra experiencia humana, el poder de la mente impera sobre cualquier tipo de «verdad» externa. Si crees que el dinero es malo y/o difícil de obtener, tu cuenta bancaria tendrá maleza creciendo en ella. Las creencias religiosas profundas inspiran todo tipo de cosas, desde guerras hasta gloriosos recintos de adoración y feroces concursos de repostería. Si crees que eres guapa y sexy a los extraños en la calle se les caerá la baba al verte pasar. Y si crees que estás comiendo gusanos, vas a sentir náuseas.

Hay un neurocientífico de nombre Vilayanur Ramachandran que utiliza el poder de la creencia para ayudar a encontrar alivio a personas amputadas que sufren dolores insoportables. Muchas personas que han perdido una extremidad experimentan lo que se conoce como dolor del miembro fantasma: sensaciones de dolor muy reales en una parte de su cuerpo que ya no existe. Como la extremidad ya no está ahí, no hay forma de que le den un masaje o le pongan fomentos o hagan algo para aliviar el dolor, (¡ha de ser una tortura terrible!).

Mediante el uso de espejos, Ramachandran refleja la imagen de la extremidad existente de un paciente hacia el punto donde solía estar la extremidad faltante, así que parece que la extremidad faltante aún sigue ahí. Por ejemplo, alguien que perdió un brazo, mueve su brazo existente, abre el puño, alivia la tensión como pueda, y se engaña a la mente para que crea que esto le está ocurriendo al brazo faltante y el dolor desaparece. Al hacer que la mente crea que lo no existente existe puede ayudar a sus pacientes a cambiar su realidad física.

....

Tu mundo exterior es un reflejo de tu mundo interior.

....

Si puedes creer en los pensamientos que están arruinando tu vida financiera —por ejemplo, *no puedo hacer dinero por X razón (soy mamá soltera, vivo en medio de la nada, soy un idiota, etc.)*— también puedes dejar de creer en ellos. Así de poderosos somos y así de engañosamente sencillo es cambiar nuestra vida: literalmente podemos crear la realidad que deseamos haciéndonos pensar y creer lo que deseamos pensar y creer. ¿No es fantástico?

Nuestras creencias, junto con nuestros pensamientos y nuestras palabras, se encuentran en el núcleo de todo lo que experimentamos en la vida, y esa es la razón por la que elegir conscientemente lo que vive en tu mente y sale de tu boca es una de las cosas más importantes que puedes hacer. A esta elección consciente de tus pensamientos, creencias y palabras se le denomina *dominar tu mentalidad*, y debes dominarla si quieres vivir una vida larga donde seas tú quien está a cargo y no ser mangoneado por tus circunstancias.

A continuación te presento toda la verdad acerca de cómo opera tu mentalidad.

CREENCIAS

En lo que toca al dinero, la mayoría de las personas siente que sus creencias están en muy buena forma. *¡Pero, por supuesto! Con gusto puedo permitirte que me des dinero todo el día, muchas gracias. ¡Mira, justo tengo una bolsa para que lo pongas dentro!* Sin embargo, de lo que no se dan cuenta es de que es su mente consciente la que habla, y que muy en el fondo todos tenemos una mente subconsciente que es la tarjeta madre que controla todos nuestros resultados. Y si mamá no es feliz, nadie es feliz, así que no importa si en tu mente consciente piensas que te gusta mucho el dinero, si tu subconsciente cree que te van a expulsar de todas las reuniones familiares si te haces rico porque cuando eras niño eso fue lo que viste que le hizo tu celoso abuelo a tu papá cuando se volvió rico, no vas a estar nadando en billetes dentro de poco tiempo. Esta es la razón:

EL PEQUEÑO PRÍNCIPE

La mente subconsciente es como un príncipe de siete años de edad que de repente se convierte en rey cuando su padre muere: está haciéndose cargo del reino de tu vida adulta con base en la información que reunió y procesó mientras hacía piruetas y se bajaba los pantalones en el jardín. Lo cual significa que, en realidad, no procesó nada de ello.

Cuando naces, no tienes ninguna actitud o creencia acerca del dinero. Llegas como una hoja en blanco, como un libro abierto, dispuesto a todo. Basas tu «verdad» acerca del dinero en lo que aprendes de las personas que te rodean y las experiencias que tienes. Toda esta información fluye hacia tu mente subconsciente antes de que tu cerebro haya madurado y haya desarrollado cualquier tipo de filtro o capacidad analítica que le permita pensar cosas como: *Un momento, solo porque mamá y papá peleaban por el dinero todo el tiempo no significa que el dinero sea malo. Podría significar que él tiene celos de que ella gane más que él, o que ella quiere que le preste más atención, así que busca pelear con él.*

Cuando eres niño, toda esta información llega por medio de una perspectiva mucho más sencilla y pequeña; esto es, que tomas de forma literal lo que se encuentra frente a tus ojos. Así pues, con este ejemplo en el que creciste viendo a tus padres pelear por el dinero, podrías pensar que dinero = peleas = da miedo = malo. O: *Si hago dinero me van a gritar y no voy a ser digno de ser amado.* O: *El dinero me aterrorizaba porque parecía como si alguien estuviera a punto de ser golpeado cada vez que el tema salía a relucir.* Y esta información —en esta forma tan básica y emocional— queda clavada en tu mente subconsciente como la verdad, como un cuchillo de carnicero. Y se queda por el resto de tu vida (a menos que lo reprogrames, que es lo que te voy a enseñar a hacer más tarde), haciéndote bien si es positivo y útil, y frustrándote si te impide crear la vida que deseas.

Estos son los tres atributos básicos del subconsciente:

Es primitivo.

La principal preocupación de la mente subconsciente es la supervivencia. Igual que para un bebé pequeño que no puede cuidarse o valerse por sí mismo, perder el amor y ser abandonado literalmente significa la muerte, así, cuando llegamos a ponernos en riesgo, el pequeño príncipe se pone como loco y trata de detenernos. Esta es una de las principales razones por las que nos quedamos atascados en vidas que no nos entusiasman: no queremos arriesgarnos a probar y fracasar, a probar y tener éxito, bajar de peso, volvernos ricos, tener una nueva opinión, una nueva vida amorosa o un nuevo ritmo en nuestro paso, por miedo a que las personas a las que amamos nos rechacen cuando cambiemos. Aunque esto puede funcionarle a un niño pequeño que está haciendo lo mejor que puede por sobrevivir, resulta terrible para un adulto.

Es engañoso.

La mayoría de las personas ni siquiera se imaginan que tienen todas estas creencias subyacentes que les impiden avanzar. Solo están conscientes (hasta cierto punto) de sus pensamientos conscientes, así que trabajan en ellos y dejan al verdadero culpable que está debajo de la superficie imperturbado. Así es como quedamos atrapados en nuestros patrones, saliendo con los mismos bichos raros una y otra vez, trabajando repetidamente para personas que nos tratan como basura, gastando todo nuestro dinero en el instante mismo en el que lo ganamos: el pequeño príncipe y sus creencias conscientes indiscutidas son los que llevan la batuta.

No quiere ser destronado.

Y tu pequeño príncipe va a armar un berrinche colosal si siente que las cosas van en esa dirección. Digamos que tomas la firme decisión de dejar tu trabajo como maestra de kínder y abres la guardería de tus sueños. Ordenas muy bien todas tus metas financieras de una forma clara e inteligente, te dispones a pedir un préstamo para rentar un espacio, se te ocurre un nombre, tal vez algo así como: «¿Quién los cuida? El kínder Vida», y te preparas y tienes todo listo. Mientras tanto, por debajo de la superficie, si crees que esforzarte mucho es más noble que tener éxito (porque eso es lo que tus padres te enseñaron), y que todas las personas que te querían como solías ser te juzgarán y te abandonarán cuando seas rico, tu subconsciente podría intentar «protegerte» mediante una gripe repentina, mediante la provocación de pleitos con personas que pueden ayudarte, inspirándote a postergar, haciendo inversiones terribles, embriagándote hasta el copete la noche anterior (o la mañana de) una cita importante, etcétera.

Cuando cambias la persona que has estado siendo, básicamente estás matando tu vieja identidad, lo cual aterroriza por completo a tu subconsciente. El cambio te lanza a un terreno desconocido y te pone en riesgo de experimentar todo tipo de pérdidas y, por supuesto, de obtener todo tipo de cosas maravillosas, y esa es la razón por la que salen a la superficie tus más grandes miedos.

Tu pequeño príncipe está tratando desesperadamente de mantenerte en un espacio seguro y conocido, al que también se denomina tu zona de confort, pero si las verdades que están dirigiendo tu vida ya no encajan con la persona en la que te estás convirtiendo, es como tratar de meterte en los pantalones que te ponías cuando eras niño cuando ya tienes treinta y seis años. Después de todo, no es tan cómodo. Sin embargo, lo hacemos todo el tiempo porque aunque nos estrangulan la circulación y nos impiden ser la persona en la que tan desesperadamente deseamos convertirnos, los pantalones nos son familiares, son cómodos y nos hacen sentir más seguros que probarnos una prenda que jamás nos hemos puesto antes. Estamos tan apegados a lo poco útil, pero familiar, que, de hecho, pasamos nuestro valioso y muy finito tiempo aquí en la Tierra creando excusas para mantenernos justo donde nos encontramos, en lugar de lanzarnos a lo gloriosamente desconocido y convertirnos en quienes verdaderamente estamos destinados a ser.

....

Las paredes de tu zona de confort están bellamente
decoradas con tu colección de excusas favoritas
de toda la vida.

....

Ama a tu pequeño príncipe por portarse como un gran amigo al tratar de protegerte, pero es momento de entrar en contacto con tu poder, ponerte tu corona de adulto y recuperar tu reino.

Además de nuestro pequeño príncipe autoritario, la búsqueda de la seguridad terrenal impide a las personas vivir la vida de sus sueños más que cualquier otra cosa, y la parte ridícula es que *¡esa seguridad ni siquiera existe!* Las personas pasan vidas enteras trabajando duro en empleos «seguros» que detestan, permaneciendo en relaciones con personas con quienes no se sienten a gusto en lugar de arriesgarse a estar solos, dejando de gastar en cosas divertidas para ahorrar ese dinero para los tiempos de vacas flacas, y, al mismo tiempo, flotando por el espacio exterior en un universo infinito en un planeta proclive a sufrir terremotos, plagas y eras de hielo. Ese empleo seguro en esa compañía segura podría desaparecer, algún lunático podría irrumpir y comenzar a golpearte a muerte con la rama de un árbol: cualquier cosa podría ocurrir en cualquier momento.

Ahora bien, por supuesto, enfocarnos en esto no sería útil para vivir una vida productiva o feliz porque estaríamos agazapados debajo de la mesa y aferrándonos a los edificios mientras tratamos de caminar por la calle, pero te recuerdo todo esto con la esperanza de liberarte de la trampa sin sentido y a menudo agotadora de sacrificar tus sueños a cambio de una falsa seguridad. Libera a tu corazón para que vaya en la búsqueda de lo que te produce alegría y se monte en la ola de la magnificencia en lugar de limitarte e ir a lo seguro.

....

Tratar de protegerte de tus miedos te impide
experimentar una vida plenamente desarrollada
y excitante.

....

No estoy hablando de que te pongas en peligro o que pases por alto las precauciones de seguridad o que actúes como un maníaco irresponsable (¡al diablo, de todas formas nos vamos a morir así que saquemos los fondos universitarios de los niños, compremos un montón de hierba y vayamos a Las Vegas!). Estoy hablando de que te liberes para prosperar en abundancia en lugar de vivir la vida aferrado a tus miedos. Estoy hablando de que te enfoques en los deseos de tu corazón, en las posibilidades infinitas, en disfrutar la vida al máximo en lugar de preocuparte por lo que podrías perder.

Sé responsable, aparta dinero para el futuro, ponte el cinturón de seguridad, haz planes grandes y divertidos con tus amigos y tu familia, no camines solo por lugares oscuros, invierte tu dinero sabiamente, ejercita tu cuerpo y tu mente, practica sexo seguro, no fumes y no te emborraches en público ni hables mal de tus vecinos; actúa como si tuvieras delante de ti una larga y feliz vida en la Tierra. Sin embargo, no dejes de hacer algo que deseas porque implique demasiados riesgos. El simple hecho de estar vivo es un riesgo.

Date permiso de experimentar lo que sea que tu corazón anhele como si esta fuera tu única oportunidad de vivir la vida al máximo.

PALABRAS

Nuestra percepción de la realidad también se ve influenciada de manera importante por nuestras palabras. Las palabras dan vida a nuestros pensamientos y creencias y nos ayudan a anclarlos en nuestras «realidades» a través de la repetición. Las palabras nos ayudan a formar nuestra identidad; nos apegamos a nuestro lenguaje, a nuestras conductas habituales: *Tengo memoria de teflón. Otra vez dejé las llaves en la puerta de entrada. ¡Qué estúpido!* Entre más te digas a ti mismo que eres un estúpido olvidadizo, más lo creerás y, por tanto, más actuarás como tal. Si le dices a una niña que es estúpida muchas veces, terminará creyéndolo, aunque acabe de aprender por sí misma a leer en chino. Durante 40 años me repetí a mí misma casi todos los días que no tenía idea de qué quería hacer con mi vida y, como resultado, me quedé en la posición fetal de la desesperanza y la confusión durante décadas. Si hubiera reemplazado la frase «no sé» con «¡hay pistas por todas partes!», me habría abierto a recibir destellos de claridad en lugar de darle un portazo en las narices a quién sabe cuántas oportunidades de oro.

....

Lo que sale de tu boca entra a tu vida.

....

Como somos criaturas de hábitos que tienden a repetir sus palabras, esas palabras se convierten en un cincel que forma surcos en nuestra mente, reproduciendo las mismas historias una y otra vez, anclándose en nuestros pensamientos y creencias y definiendo nuestra realidad. Nuestras palabras son como agua que fluye sobre las rocas: con el tiempo tienen el poder de crear surcos del tamaño del Gran Cañón. Esto es lo que me gusta de la frase *atrapado en la rutina*: literalmente estás atrapado en un surco (*rut*, en inglés, que también quiere decir *rutina*), en una ranura de pensamientos, creencias y palabras, y para poder liberarte necesitas crear conscientemente un nuevo surco, y un magnífico lugar para empezar es conseguir algunas nuevas y mejores palabras.

El lenguaje define y moldea nuestra percepción de la realidad al brindarle una estructura comprensible. Creamos y reforzamos los límites alrededor del tiempo, por ejemplo, cuando hablamos acerca de lo que hicimos ayer, cómo no podemos esperar a que ya sea mañana, y cómo *algún día voy a comenzar a comer saludable pero, en este momento, voy a explorar el sabor de una hamburguesa con queso con una porción de mantequilla adentro,* etcétera. En cambio, de acuerdo con Einstein, el tiempo es una ilusión; es flexible, no lineal, y el asunto de las 24 horas del día es un fraude monumental. Todos hemos oído hablar de esto antes y, sin embargo, somos un tipo de cultura leal a los siete días de la semana y las 52 semanas de un año, y esto se vuelve «real» a través de nuestro lenguaje. El pueblo hopi, que percibe al mundo más en sintonía con los descubrimientos de Einstein, no tiene palabras en su lenguaje para expresar el pasado o el futuro porque, en esencia, viven en el presente. De hecho, ni siquiera tienen una palabra para hacer referencia al «ahora» porque regresar y darle un nombre los sacaría del momento. Existen incontables ámbitos de realidad, y las palabras que utilizamos nos envuelven y limitan en cualquiera que sea la percepción en la que estemos participando.

Las palabras también tienen un efecto increíblemente persuasivo en nosotros. Piensa en lo increíble que es cuando alguien te habla directamente de lo que estás sintiendo o pensando o temiendo. Las palabras correctas dichas en el momento correcto pueden hacerte sentir reconocido en un nivel profundo del alma. Y pueden ser tan poderosas como para inspirar a naciones enteras de gente inteligente a votar por idiotas para ocupar un cargo o a toda una comunidad para que beban Kool-Aid envenenado. Así que comienza a prestar atención y a observar si de forma repetida te la pasas anunciando cuánto odias/temes/desconfías del dinero a través de palabras como: *soy un idiota para el dinero, jamás podría pagar eso, detesto a ese millonario bastardo,* etcétera. Si hablas mal del dinero, vas a terminar queriendo ir y acabar con él.

PENSAMIENTOS

....

Tus pensamientos inspiran emociones que, a su vez,
inspiran acciones que forman tu «realidad».

....

Cuando era pequeña vivíamos junto a la casa de una familia que tenía un montón de niños más o menos de mi edad. Sus padres eran alemanes y, un día, un par de semanas antes de Navidad mientras jugaba en su casa, me dieron una información muy valiosa. Aparentemente, no solo tendrían regalos bajo el árbol el 25 de diciembre, sino que había otra festividad que celebraban en Alemania a principios del mes, llamada el Día de San Nicolás, y si dejabas tu zapato afuera durante la noche, estaría lleno de regalos a la mañana siguiente. ¡Qué tal!

De inmediato me fui a mi casa y agarré el zapato más grande que tenía, un zueco; esperé una eternidad a que terminara el resto del día y finalmente acabara la cena de modo que pudiera salir a hurtadillas y dejar mi zueco justo junto a la puerta principal tal y como se me instruyó. Mientras estaba recostada en la cama esa noche escuchando a mis padres limpiar la cocina, mi corazón repentinamente comenzó a dar de tumbos cuando escuché que la puerta principal se abría y llamaban al perro. En cuestión de segundos también estaban diciendo mi nombre.

«¡Jennifer! ¡Con un carajo, baja inmediatamente!». Mi madre estaba de pie en la parte baja de la escalera ondeando mi zueco por encima de su cabeza, exigiendo saber cómo es que había terminado afuera. Murmuré algo sobre haberlo sacado y haberme olvidado de meterlo, disculpándome, y regresé arriba con mi zapato prácticamente congelado. Genial. Ahora tenía que volver a salir a hurtadillas después de que mis padres se fueran a dormir y arriesgarme a meterme en el doble de problemas. Sin embargo, a pesar de lo grave que era la transgresión —para acabar con el cuadro, era un zueco nuevecito— y a pesar de lo graves que serían las repercusiones, valía totalmente la pena correr el riesgo. Ya sabes… regalos. La historia terminó con que no recibí ningún regalo, obviamente; y volvieron a cacharme gracias al estúpido perro, que tuvo que salir temprano por la mañana a hacer pipí, y me castigaron con tener que limpiar durante todo un mes la jaula del hámster y también sacar los trastes del lavavajillas, todo lo cual empeoró por la alegría que les dio a mis hermanos, que ahora estaban libres de quehaceres.

Somos criaturas impulsadas por la emoción. Cuando estamos emocionados, no escuchamos ninguna otra cosa, ni consejos sabios, ni lógica, ni miedo, ni duda. Nuestras emociones nos impulsan a participar en asombrosas demostraciones tanto de lo magnífico como de lo estúpido: volteamos autos estacionados en la calle cuando nuestro equipo gana la Copa del Mundo, salimos con personas cubiertas en señales de alarma, gastamos cientos de dólares en un hermoso par de zapatos que no nos queda, nos arriesgamos a una segunda ronda de regaños de nuestros padres por dejar nuestros zapatos afuera, etcétera. También aceptamos un excitante trabajo nuevo para el cual «no estamos calificados», vencemos nuestro miedo a volar en avión para visitar a un amigo que nos necesita, nos subimos a un escenario frente a cientos de personas aunque nos sentimos aterrorizados, nos endeudamos para lanzar el negocio de nuestros sueños, etcétera. No puedes tener una emoción sin tener primero un pensamiento (por ejemplo: *¡ganamos!, ¡amo a mi amigo!, ¡quiero ser mi propio jefe!*). Cuando aprendes a dominar tu mentalidad y a enfocarte en pensamientos que desencadenan emociones intensas y positivas, ejerces tu poder para dar enormes pasos de fe a pesar de tus miedos y de que tu pequeño príncipe esté tratando de detenerte. Todo comienza con tus pensamientos; ellos son el catalizador que produce el cambio que modifica lo que crees y la forma como actúas.

Para que te des una mejor idea de a qué me refiero, a continuación te presento un desglose de cómo funciona tu mentalidad.

Tus creencias están conduciendo el autobús. Te llevan a tu lugar de destino independientemente de si estás prestando atención o no.

Tus pensamientos son el guía de turistas, la persona que tiene el micrófono en la mano y la tabla sujetapapeles —puede agacharse y girar el volante, meter el freno, pararse en la gasolinera, voltear el autobús—; puede hacer lo que quiera y hacerlo cuando quiera. Normalmente, tus pensamientos trabajan en armonía con tus creencias, pero tienen el pleno poder de ignorarlas.

Tus palabras son el asistente de tus pensamientos y tus creencias. Tus palabras los respaldan, dan voz a sus opiniones, anclan su mensaje y lo mantienen como algo real.

Tus emociones son el combustible. Son encendidas por tus pensamientos y pueden cambiar tus creencias y la dirección de tu vida. Sin las emociones no te diriges a ningún lado nuevo y emocionante.

Tus acciones construyen el camino. Lo preparan para tus creencias, pero cambiarán de ruta si los pensamientos y las emociones hacen un cambio de planes y deciden que quieren detenerse en una heladería o algo por el estilo.

Cuando todas estas facetas de tu mente, tu cuerpo y tu espíritu están alineadas, enfocadas en el mismo deseo, cantando «un elefante se columpiaba sobre la tela de una araña» mientras se mueven alegremente, puedes manifestar todas las riquezas que desees. Sin embargo, si estás pensando lo mucho que te gustaría ganar 5 000 dólares extra al mes y que no tienes idea de cómo lograrlo, si te sientes aterrorizado y extremadamente dudoso, creyendo que las personas no te toman en serio (incluyéndote a ti mismo), si dices en voz alta «me encanta el dinero y viene a mí fácilmente» todas las mañanas en el espejo y haces una sola llamada de ventas al día después de lo cual te das por vencido y abres una lata de cerveza, no vas a llegar muy lejos.

Todos los miembros del equipo «mentalidad» deben estar en el campo de juego ofreciendo su mejor juego; sin embargo, son tus pensamientos —y no me gusta tener favoritos aquí— los que son los más chingones de todos.

Para lograr que tus pensamientos trabajen a su máximo potencial, echemos un vistazo a algunas de las creencias más comunes acerca del dinero que a menudo aceptamos inconscientemente como verdades y las cuales expresamos durante todo el santo día. Pon atención a cuál de estas te recuerda algo que te hayas escuchado a ti mismo pensar o decir, porque estar consciente es el primer paso clave para romper la maldición de tu «realidad» financiera no tan maravillosa.

Este es el ejercicio:

- Hazte consciente de cuáles son tus pensamientos y creencias limitantes.
- Cuestiónalas e investígalas.
- Reelabóralas.
- Dilas en voz alta y con orgullo.

Voy a hacerlo con las primeras para que puedas ver cómo funciona:

Pensamiento inútil: *El dinero no puede comprar la felicidad.*

Pregunta: *¿Qué es lo que me hace feliz?*

Respuesta: *Pasar tiempo con las personas a las que amo, los sándwiches de queso asado, ser amado y amar a otras personas, reír a carcajadas, dar regalos maravillosos, viajar, practicar senderismo, jugar con mi perro, viajar en carretera, escuchar música, beber cerveza, tener mi propio negocio, dejar propinas enormes, la libertad, ir a que me den un masaje.*

Pregunta: *¿Tener dinero me ayuda a alcanzar algunas de estas cosas que me hacen feliz?*

Respuesta: *Sí.*

Pensamiento reelaborado: *El dinero apoya mi felicidad.*

Pensamiento inútil: *Preferiría enfocarme en divertirme que en ganar dinero.*

Pregunta: *¿Es divertido ganar dinero?*

Respuesta: *Sí, cuando lo gano es divertido, pero lo que tengo que hacer para ganarlo no lo es.*

Pregunta: *¿Valdría la pena invertir mi tiempo, durante la única vida que tengo, en encontrar o crear una ocupación que sea divertida?*

Respuesta: *Sí.*

Pensamiento reelaborado: *Hago que ganar dinero sea divertido.*

Si todavía no estás cien por ciento convencido de creer estas nuevas historias, ¿sientes cómo te elevan mucho más el ánimo que sus versiones originales e incompetentes? ¿Entiendes cómo cambiar la narrativa con la misma diligencia con la que un mecánico reemplazaría un carburador averiado no es un trabajo tan terrible, sino algo que puede ayudarte a llevar a cabo una verdadera transformación en tu vida?

Estas son algunas otras creencias comúnmente sostenidas que son unas auténticas ganadoras, y pueden resultarte familiares. Escoge aquellas que consideras podrías pensar o decir y reelabóralas:

No puedo ser rico y al mismo tiempo espiritual.

El dinero no es importante; las personas, sí.

Jamás te endeudes.

Ahorra dinero para una temporada de vacas flacas.

Las personas ricas son suertudas, repugnantes, egoístas, se creen con derecho a todo, esnobs, superficiales, ególatras, fariseos.

Tienes que trabajar duro para tener dinero.

No puedes hacer dinero haciendo X (sea lo que sea que te guste hacer).

Soy demasiado irresponsable, flojo, despistado para hacer dinero.

Es de mala educación hablar de dinero.

Es importante tener un trabajo seguro.

Si te emociona hacer dinero significa que eres una persona superficial.

El dinero no crece en los árboles.

Debes estudiar en una buena universidad para hacer dinero.

El dinero provoca estrés.

Nunca hay suficiente dinero.

El dinero es un problema.

No quiero ser un vendido.

Tienes que sacrificar una vida buena/divertida para hacer dinero.

El dinero está fuera de mi alcance.

Tienes gustos de rico y cartera de pobre.

Siempre debes tener un plan B.

La cima es un lugar solitario.

¿Quién tiene ese tipo de dinero?

Él/ella solo va tras el dinero.

Imagina ir por la vida experimentando pensamientos y sentimientos igualmente desagradables hacia algo tan omnipresente como el dinero. Por ejemplo, ¿qué pasaría si pensaras estas cosas del cielo? *El cielo es la raíz de todos los males; es de mala educación hablar del cielo; amar el cielo me hace ser una mala persona; el cielo convierte a las personas decentes en auténticos cerdos.* Difícilmente podrías salir de tu casa y, ya no digamos, disfrutar de las alegrías de la vida.

Cuando guardas resentimiento (consciente o inconscientemente) hacia el dinero o te aferras a tus creencias limitantes acerca del dinero o te rehúsas a participar en la generación del mismo, eso no te sirve; no te hace más noble; no te ayuda a ti ni a nadie más. Lo que sí hace es que te pone en huelga de hambre al alejarte de aquello que necesitas no solo para sobrevivir, sino para florecer. Al abrazar al dinero y entrar en el flujo, te abres a la abundancia que está tratando de llegar a ti en este preciso momento.

HISTORIA DE ÉXITO: SI ELLA PUEDE HACERLO, TÚ TAMBIÉN.

Voy a contarte la fantástica historia de Sandra, de 44 años, quien puso más fe en lo que deseaba creer que en lo que fue educada para creer:

Solía vivir en mi camioneta en el Medio Oeste. Ahora vivo en la casa de playa de mis sueños en California y soy una actriz exitosa.

Mi principal creencia limitante acerca del dinero era que si ganaba mucho mi vida se complicaría demasiado y no sabría cómo manejarla. Ya sabes, cuentas, impuestos, inversiones, etcétera. Tenía miedo de que el dinero —más allá del necesario para el día, la semana o el mes— fuera más de lo que yo pudiera entender o controlar. No me sentía lo suficientemente inteligente o lo suficientemente buena. Bla, bla, bla. Aburrido.

Paso uno: Me puse a hacer el trabajo. Los pensamientos y las creencias son algo clave. Puse en claro cuáles eran mis miedos en relación con el dinero y machaqué mi mente con nuevas creencias como: me amo y me apruebo a mí misma; estoy abierta a todo lo bueno y a la abundancia del Universo; sé lo que estoy haciendo; merezco el éxito, el respeto, premios y dinero y lo mejor que el mundo tiene para ofrecer; hay abundante dinero y prosperidad para todos, especialmente para mí...

Paso dos: Me alineé con mentores y contraté personas que sabían cómo manejar las cosas de las cuales yo no tenía ni idea, a las cuales les tenía miedo o no me interesaban. Me enfoqué en ser yo, en crear y ofrecer algo de valor al mundo. Dejé que otras personas manejaran la venta de ese producto, el negocio de ese producto, la parte legal de ese producto, pero mantuve los ojos abiertos de modo que no me quitaran lo que era mío.

Paso tres: Me caí y me volví a levantar más veces de las que jamás me imaginé. Todavía sigo cayéndome y aprendiendo a levantarme. El éxito es un juego que no tiene fin. Estoy practicando ver y sentir el éxito plenamente; como si ya fuera algo hecho, ganado y estuviera en el banco.

Ámate, porque eres irrepetible. Haz algo verdaderamente chingón con la persona que eres. Aun si las personas piensan que estás loco. Sea lo que sea que decidas hacer, hazlo con alegría, con agallas y con dedicación, de modo que sea tu fuente de dinero y tu fuente de júbilo.

PARA HACERTE RICO

Mantra de dinero sugerido (dilo, escríbelo, siéntelo, hazlo tuyo):
Amo el dinero y el dinero me ama.

1. Haz una lista de las cinco cosas más importantes que recuerdas que tus padres te dijeron acerca del dinero.
2. Toma cualquier pensamiento negativo que te vino a la mente en el primer paso y desglósalo (tal y como te mostré al principio de este capítulo en la página 46).
3. Reelabora tus nuevas verdades acerca del dinero.
4. Toma la nueva verdad que tiene la mayor carga emocional para ti y escríbela cada mañana y cada noche, siéntela en lo más profundo, repítela en tu cabeza tan a menudo como te sea posible, dila en voz alta, grábatela hasta que haga clic en ti.
5. Observa cómo te has estado aferrando a la seguridad en una forma que te está deteniendo en alguna parte de tu vida. Podría ser salir con alguien que sabes que no es la persona apropiada, nunca permitirte gastar el dinero en algo divertido, hacer algo que te aburre profundamente porque quieres caer bien o sientes que «deberías» hacerlo o que serás juzgado si no lo haces, tenerle miedo a decirle a tu vecino chismoso que aparecerse sin previo aviso es algo inaceptable, etcétera. Encuentra algo que no te esté sirviendo en este momento y que te ha dado miedo soltar por la seguridad que te proporciona y da el primer paso para soltarlo. Se trata de algo importante, así que si no puedes pensar en nada en este momento, no quites el dedo del renglón hasta que lo encuentres. Podría significar un cambio enorme en todas las áreas de tu vida.

Por favór, llena el espacio en blanco:
Estoy agradecido(a) con el dinero porque _____
_____.

UN PEQUEÑO PERO PODEROSO CAPÍTULO SOBRE LA INTELIGENCIA UNIVERSAL

Sobran opiniones y teorías en lo que se refiere a la Inteligencia Universal que creó, y sigue creando, todo lo que existe. Algunas personas llaman Dios a este poder magnífico; otros lo llaman Espíritu; otros más, un montón de sandeces. Si tú eres una de esas personas escépticas que no cree en ese tipo de cosas, y quieres hacerte rico, te sugiero encarecidamente que hagas a un lado toda esa mala leche y estés de acuerdo en adoptar algunas nuevas creencias, porque podrías ver resultados espectaculares si te haces amigo de la Inteligencia Universal; además, te lo digo en serio, te guste o no, de algún modo ya crees en ella. Crees en algo, en alguna parte. Ya sea que se trate del destino o la suerte o la intervención divina, ya has tocado madera antes. Has dicho una oración cuando tu equipo ha estado a punto de perder o cuando de repente has observado luces parpadeantes de color azul y rojo por el espejo retrovisor. Le has dado las gracias a alguien llamado Dios antes o has exclamado un *ay* antes de su nombre mientras veías un video de una anciana saltando en una patineta por encima de una fila de nietos. De algún lado obtuviste una pista mágica de su existencia. «No sé qué hizo que me detuviera en la casa de mi madre de vuelta a casa, pero, si no lo hubiera hecho, todavía estaría tirada en el piso». Has tenido un atisbo de que podría haber algo que no puedes terminar de entender todavía, que está participando en tu vida contigo. Has sentido cómo ha hecho que se te erice el pelo de la nuca. Aun si solo se trata de una pequeña pizca de reconocimiento le has dicho «hola» a la Inteligencia Universal.

La razón por la que estoy insistiendo en esto es porque una vez que reconozcas que existe una fuerza más grande que tu yo físico en acción en tu vida, puedes comenzar a trabajar con el poder magnífico e ilimitado del Universo para hacer algo de dinero mientras estás en este mundo. Nos han enseñado a considerar que la información que recibimos a través de nuestros cinco sentidos físicos es la verdad. Mientras tanto, sin que suene a que soy una ingrata hacia toda la maravilla que me brindan mis ojos, mis oídos, mi nariz, mi piel y mi lengua —en serio, chicos, muchas gracias— nuestros sentidos están limitados. Nuestros sentidos nos brindan solo un cierto rango de información limitada debido al alcance que tienen. Por ejemplo, nuestro sentido del olfato es muy inferior al de un perro. Un perro puede oler un paquete de salami que están abriendo en el segundo en el que se rompe el sello. Desde la otra habitación. Mientras está durmiendo. Los murciélagos pueden burlarse de nosotros justo frente a nuestras narices a frecuencias demasiado elevadas como para que nosotros podamos escucharlas. Los gatos y su visión nocturna siempre nos vencerán en una competencia con obstáculos después del anochecer. La mayoría de las personas define su realidad desde los confines de lo que sus cinco sentidos les dicen, pero hay muchas cosas que están sucediendo, un montón de cosas que tienen que ver con el Universo infinito y eterno.

Igual que la electricidad y la gravedad —dos cosas que impactan nuestra vida diaria y que, de hecho, no vemos, que pocos entendemos, y en las que, mira tú, todo mundo cree de todas formas—, la Inteligencia Universal y el poder de nuestro pensamiento son cosas reales y afectan nuestra vida a cada instante. Muestras tu fe en la gravedad cuando no te avientas de un techo y tu fe en la electricidad no tocando un *socket* de un foco con un tenedor. Tal vez no entiendas las particularidades de cómo funciona todo ello, pero, aún así, estás totalmente de acuerdo en seguir las reglas. Quiero animarte a que actúes conforme a la información que te estoy dando ahora; que la pongas en práctica a medida que emprendes el viaje para hacerte rico y dejes que los resultados hablen por sí solos. Porque, créeme, una vez que comiences a experimentar lo poderosos que son tus pensamientos y la Inteligencia Universal, aunque todavía no captes plenamente de qué demonios se trata todo lo que está involucrado, estarás de acuerdo con el programa cuando estés nadando en dinero.

Vivimos en un Universo compuesto por energía; todo está vibrando, moviéndose y cambiando. Esto se aplica tanto a todo lo visible como a lo invisible: este libro, las microondas, tu auto, un ladrillo, los pensamientos, el dinero, las palabras, una piedra, un puñado de pepinillos, etcétera. Una de las formas en las que interpretamos esta energía es a través de nuestros cinco sentidos. Nuestros ojos captan la energía luminosa, nuestros oídos traducen las ondas de sonido, nuestro sentido del tacto interpretará la energía como masa sólida, etcétera. Sin embargo, esta es solo una interpretación de la realidad que, por cierto, es una interpretación limitada. Esta interpretación de nuestra realidad también opera a través del filtro del sistema de creencias que hemos formado a través de toda la información que hemos captado a lo largo del curso de nuestra vida. Entre nuestros cinco sentidos físicos y el «arquetipo de la verdad» creado por nuestro sistema de creencias, nuestra percepción de la realidad es, vamos a decir, un poco limitada. Esto es lo que me hace emocionarme por estar viva en el planeta Tierra como un ser humano con una mente consciente: tenemos el poder de participar en el reino de la realidad que va mucho más allá de lo que nuestro arquetipo de la verdad nos dice, de lo que nuestros cinco sentidos nos dicen, o, incluso, de lo que los sentidos de un perro, un gato o un murciélago les dicen. Trascendemos este reino limitado a través de nuestro pensamiento.

Nada ocurre o llega a existir sin que primero se piense: nuestro asombroso sistema solar, tu canción preferida, la cantidad de dinero que hay en tu cuenta de banco, todo. Estos pensamientos están vinculados con la energía invisible que conforma todo lo que existe, y ayudan a moldearlo en aquello que experimentamos en el plano físico. Y esto es lo verdaderamente maravilloso: la Inteligencia Universal y tus pensamientos son, básicamente, la misma fuerza; tal y como la gota de agua que cae en el océano forma parte del océano entero, así tus pensamientos existen como parte de la Inteligencia Universal. En otras palabras, eres súper poderoso.

....

El mundo invisible crea el mundo visible.

....

Entre más consciente estés de que tus pensamientos son poderosos, y entre menos quedes atrapado en los aspectos limitados de la ilusión creada por tus cinco sentidos y tu arquetipo de la verdad, más sintonizado y conectado estarás con la Inteligencia Universal, y más fácil te resultará hacerte rico. Te comunicas con y permaneces conectado a la Inteligencia Universal en medio de las distracciones y el caos de tus actividades diarias por medio de dos tipos de pensamiento: el pensamiento saliente y el pensamiento entrante.

PENSAMIENTO SALIENTE

Somos las únicas criaturas en la Tierra que poseen el poder del pensamiento consciente, y lo utilizamos para dar forma a nuestras realidades y a nuestros cheques de pago cuando alertamos a la Inteligencia Universal de que *así son las cosas*. La Inteligencia Universal creó todo lo que existe y existirá, y tus pensamientos son la manera como utilizas tu libre albedrío para aprovechar el poder de la Inteligencia Universal para moldear tu realidad. Si envías pensamientos del tipo: *no puedo pagar unas vacaciones y no veo cómo eso pueda cambiar pronto*, el Universo dice: *¡entendido y anotado!, no puedes pagarlo. ¡Te quedarás en casa!* Así como tus pensamientos crearon la realidad financiera que estás experimentando en este momento, del mismo modo puedes utilizarlos para subyugar lo que «es» para manifestar la realidad que te propongas manifestar. Y me refiero a cualquier cosa que te propongas hacer. Esto se debe a que todo lo que puedas pensar ya existe en el Universo; de otra forma, no podrías pensarlo. Ya sé, patrañas, pero quédate conmigo.

Toda la información —física, mental y espiritual— tiene su origen en la misma fuente: la Inteligencia Universal. ¿Dónde estaban tus pensamientos antes de llegar a tu mente? ¿Dónde estaba la flor que crece de la diminuta semilla? ¿Dónde estaba esa realidad en la que has duplicado tu ingreso con tu nuevo y sorprendente negocio de disfraces para gatos? Todo esto ya existe en el reino energético, y es a través de nuestra mente —y de la forma como nuestra mentalidad nos inspira a emprender una acción— que se provoca que la nueva realidad se manifieste en el plano físico. Si puedes tener un pensamiento, ese pensamiento ya existe. Y como todas las cosas provienen de la Inteligencia Universal, ese pensamiento debe existir también en una forma física. Si tienes el deseo de ganar 50 000 dólares, ese dinero y la forma en la que puedes ganarlo, ya existen. De otra forma, no podrías pensarlo porque el pensamiento del dinero, y el dinero en sí, son lo mismo. Este concepto parece salido de un libro de 3897 páginas escrito sobre un tapete de meditación junto a una cubeta llena de ayahuasca, pero, en aras del trabajo que nos ocupa aquí, este es el meollo de cómo funciona la Inteligencia Universal.

Tus pensamientos dictan la verdad. Así pues, si actualmente vives en el sótano de tu madre y trabajas en una tienda de comida rápida al final de la calle ganando el salario mínimo, y fijas tu pensamiento con una determinación inamovible en ser el dueño de tu propia granja de pollos de 80 hectáreas y un Cadillac, esa granja de pollos y ese auto sensacional son tu verdad. Tus pensamientos alertan a la Inteligencia Universal para que comience a acomodar la energía de tal forma que haga que tus deseos se manifiestan en la forma física (necesitas aprender a ver y recibir las nuevas oportunidades que te llevarán hacia tu meta, en lo cual profundizaremos más adelante). Tus pensamientos también disparan tus emociones, lo cual hace que levantes tu trasero de la silla y actúes, y tu realidad comienza a cambiar. Así es como personas en sillas de ruedas escalan montañas y aquellos que crecen en pobreza extrema se vuelven ricos: consideran que sus pensamientos son la verdad, independientemente de la apariencia que tenga su «realidad»; lo esperan con ansias y hacen que ocurra. Utilizan el poder que todos tenemos para crear lo que deseamos en lugar de conformarse con lo que ven que los rodea.

....

La oportunidad está en los ojos de quien la contempla.

....

Dominar la mentalidad de abundancia es elegir pensar en el dinero, y en tu realidad en relación con el dinero, de una forma que te haga rico y no que te mantenga pobre.

Cuando enfocas conscientemente tus pensamientos en la riqueza que deseas, cuando te imaginas nadando sobre un enorme tapete de billetes verdes y sintiendo la increíble y emocionante sensación de fluir con el flujo del dinero, acomodas la energía que te rodea y la energía que está en tu interior para que vibre a una frecuencia elevada y, como resultado, tu realidad te refleje de vuelta las oportunidades y cosas que vibran a una frecuencia elevada. Puedes sentir esta energía; literalmente cambia tu estado de ánimo y lleva tu radar a detectar todas las oportunidades y experiencias de alta frecuencia que te impides tener cuando tienes una vibración baja y estás todo deprimido por tu raquítica cuenta bancaria, la falta de opciones laborales, tu intento frustrado de conseguir un aumento de sueldo, etcétera. Por el contrario, pensar en lo increíble que será liquidar tu deuda de tarjetas de crédito que asciende a 15 000 dólares, decirte a ti mismo: *me siento tan agradecido porque esta tarjeta está saldada en su totalidad que apenas puedo contener la emoción* una y otra vez, hacer un cheque real por la cantidad exacta necesaria para liquidarla y verlo todos los días, todos estos pensamientos acomodan la energía a tu alrededor para que vibre a una frecuencia más alta y adopte la forma física de aquello en lo que estás poniendo tu atención: 15 000 dólares. Estos pensamientos positivos te permiten soltar tu resistencia a que el dinero llegue a ti: lo has aceptado, lo estás creyendo, lo estás sintiendo, ¡lo estás amando! Una vez que se va la resistencia, regresas a tu estado natural de flujo; no hay ni miedos ni dudas apelmazando tu energía, y el Universo puede darte las riquezas que deseas.

PENSAMIENTO ENTRANTE

El Universo está constantemente asomándose, con una taza de café en la mano, queriendo discutir contigo cómo aumentar tus finanzas y ofrecerte su ayuda. Se conecta contigo:

> Vía tu intuición: *Simplemente tengo la sensación de que debo comprar esta casa aunque cueste mucho más de lo que yo quería gastar. Me late.*
>
> Vía la sincronicidad: *Me pregunto qué fue de Janet de la clase de cocina. ¡Vaya! Mira, justo me está llamando ahora.*
>
> Vía la inspiración: *¡Escucha esta fantástica idea que me vino de la nada para la letra de una canción!*
>
> Vía el deseo: *Simplemente sé que estoy destinado a ser rico aunque todavía no se ha vendido ninguna de mis obras de teatro.*
>
> Vía la coincidencia: *Abrí un libro justo en la página precisa: ¡es exactamente lo que necesitaba leer!*

Si verdaderamente estás comprometido con ser el más chingón, querrás fortalecer tu relación con el Universo en las siguientes formas:

- Aprende a calmar tu mente y recibir la información que está tratando de enviarte.
- Confía en que esta información (es decir, tu intuición) te brindará todas las respuestas que estás buscando sin importar cuán aterradoras/alocadas/inaceptables puedan parecer.

- Abandónate y ten fe en que cuando te lances valientemente a lo desconocido, el Universo te sostendrá.
- Acepta que no tienes que saber cómo hacer lo que no sabes cómo hacer todavía, y que el Universo te abrirá el camino.

....

Todos tenemos la capacidad, a través de nuestros pensamientos, de aprovechar el poder del Universo.

....

Si esto no hace que salgas corriendo a comprar una capa y un disfraz de superhéroe, no sé qué más puedo decir.

CAPÍTULO 3

MUÉSTRAME EL DINERO

uy temprano una mañana, cuando estaba de visita en casa
de mi madre, bajé las escaleras y la encontré de pie en la cocina, vestida con su bata de baño, una taza de café vacía
en la mano y el ceño fruncido.

«No tenemos leche para el café», me informó inexpresivamente,
claramente sin ánimos de vestirse y prepararse para la breve caminata
que la llevaría a bajar la colina para llegar al pueblo. Anunció que pre-
fería simplemente ir a la tienda vestida con su maldita bata, mallones,
una gorra de béisbol y mucho lápiz labial color naranja, y, finalmente, se dio a la tarea de convertirse —según sus propias palabras— en un
interesante personaje pueblerino. «Tengo setenta y tantos años; creo
que ya es hora».

Mi mamá tiene uno de los sentidos del humor más encantadores
que jamás haya conocido, y, en general, es muy graciosa, y esa es la razón por la que me sorprendí tanto cuando un día me llamó por teléfono para informarme, mortificada, que se acababa de enterar de lo que
significaba la palabra «mamerto». ¿En serio?, pensé. ¿Acaso no había
estado llamando a mi hermano de esa forma durante años? Sin embargo,

estaba verdaderamente molesta, totalmente devastada, incapaz de encontrarle algo gracioso a una palabra que es, bueno, chistosa.

Esta llamada vino durante una época en la que mi madre era miembro activo de la junta directiva de su histórico y encantador pueblo suburbano. Durante el tiempo en el que ejerció su cargo, se dedicó a temas con los que se identificaba plenamente, tales como proteger su parque favorito de caer en las manos de constructoras, plantar narcisos en medio de la calle principal y mantener en un número mínimo las señales de tráfico a lo largo de la pintoresca reserva del pueblo.

Aparentemente, preservar la integridad de la reserva fue lo que provocó que me hiciera esa angustiosa llamada, mientras estaba acostada boca abajo en la cama, mascullando en el teléfono «Dios mío» una y otra vez a través de la almohada. Según lo que pude descifrar, ese día por la mañana había planteado a un salón lleno de honorables y respetados miembros de la junta directiva, algo más o menos así: «Hay una pequeña curva en el camino. ¿Por qué necesitamos cinco, CINCO, señales con flechas antes, durante y después de la curva para alertar a las personas que necesitan girar ligeramente a la izquierda? Las señales son una monstruosidad y un desperdicio de dinero de los contribuyentes, y si eres tan mamerto que no puedes recorrer el camino sin una flecha cada medio metro, no deberías estar conduciendo». Hay que decir que esta no era la primera vez que había utilizado la palabra «mamerto» ante el tan estimado consejo: aparentemente había estado lanzándola por años en respuesta a los mamertos en la oficina del alcalde responsables de aprobar sus decretos menos predilectos, a los mamertos de la preparatoria que pintaron con aerosol *Generación 2003* en la banqueta enfrente de la tienda *delicatessen* y, más apasionadamente, al estúpido idiota mamerto conductor ebrio que derribó un poste de teléfono en Elm Road el pasado Halloween.

«Pensé que significaba 'imbécil'», dijo con voz ahogada. «Y Ginny Adams, la directora del club de jardinería y una absoluta mamerta en toda la extensión de la palabra —muchas gracias— fue quien me llevó a un lado y me dijo que moderara mi vocabulario. Oh, Dios». Decidida a terminar con la imbecilidad que prevalecía en su comunidad, mi pobre madre no solo descubrió el poder de elegir sus palabras sabiamente, sino que descubrió que, sin darse cuenta, se había convertido en un interesante personaje pueblerino.

Cuando no investigas el efecto de tus palabras, tus pensamientos y tus creencias te arriesgas a ir por la vida en piloto automático. Por ejemplo, asumes automáticamente que tus creencias se basan en tus propias verdades y no en las verdades de tus padres y/o de las personas que te rodean. O que tus palabras expresan de forma precisa tus creencias, y no que son escupitajos mecánicos de cosas que has oído antes o una prueba de que tienes un terrible manejo del vocabulario. Y ni se te ocurra hacerme decir cuánto tiempo nos la pasamos dándole vueltas a pensamientos que son, diríamos, menos que productivos. Una vez que despiertas, que te haces consciente de tus pensamientos, creencias y palabras y comienzas a elegirlas de forma sabia, puedes evitar quedarte atorado en una vida de insoportables suspiros o (lo que es peor) tener constantemente conflictos financieros, o, como en el caso de mi mamá, que alguien que es peor jardinera que tú te reprenda por tener boca de bacinica.

....

Cuando no dominamos nuestra mente
nos arriesgamos a construir nuestra vida sobre
una base de inconsistencias.

....

Dominar tu mentalidad es importante para todas las áreas de tu vida y resulta especialmente fundamental en lo que se refiere al tema del dinero porque el dinero juega un papel vital aquí en la Tierra. Literalmente no podemos funcionar sin él. Darte cuenta de que saliste de casa sin tu cartera resulta tan alarmante como percatarte de que dejaste tu diario en el metro o que olvidaste a la abuela en la parada del autobús. No pasa un solo día sin que utilicemos el dinero, utilicemos algo que fue pagado con dinero o tengamos una experiencia que de algún modo esté conectada con él. Ni. Un. Solo. Día. El dinero está en las calles por las que conducimos, en la comida que comemos, en la música que escuchamos, en la libertad que disfrutamos, en las aventuras que tenemos, en los bebés a los que damos a luz, en las duchas que nos damos, en los poemas que escribimos, en la nariz que nos sonamos: está en todas partes, como el polvo o la tentación o las hormonas en los adolescentes.

Sin embargo, rara vez nos detenemos —si es que alguna vez lo hacemos— a investigar cómo nos sentimos en relación con el dinero, cómo hablamos de él, o, incluso, qué demonios *es* realmente el dinero.

Así que voy a hacer un alto en este momento.

EL DINERO ES UN MEDIO DE INTERCAMBIO

En los tiempos antiguos, antes de la invención del dinero, las personas intercambiaban bienes y servicios mediante el trueque. Hacían cosas como construir una pared de piedra para alguien a cambio de una pila de pieles de animales y un saco de sal, o te daban un castillo a cambio de dos de tus hijas. Luego fue demasiada molestia andar cargando pieles y piedras, y llevaba demasiado tiempo construir cosas, así que a los humanos se les ocurrió la idea del dinero, le asignaron un valor a las monedas y a los billetes y ahora todo lo que tienes que hacer es tomar tu cartera en lugar de cinco de tus mejores camellos si quieres comprar un auto o cualquier otra cosa.

El dinero es la unidad de medida que se utiliza en el acto de dar y recibir. Contrario a la creencia popular, el dinero en sí mismo no es ni bueno ni malo, ni amigo ni enemigo, ni sucio ni limpio: es algo simplemente virgen, que se ocupa de sus propias cosas, que trata de no quedar atorado en una máquina expendedora de refrescos. El dinero es solo el mensajero. Es lo que haces con él y la forma cómo piensas, sientes y hablas de él lo que le da personalidad. Y dependiendo de la personalidad que le des vas a querer o bien rodearte de él o permanecer totalmente alejado de él.

Es por esa razón por la que pensar que el dinero es malo o sucio (sin reflexionar realmente al respecto), y reforzar esos pensamientos hablando mal de él, es una de las principales causas de la bancarrota. Por ejemplo, esto es algo que quizá hayas pensado y/o dicho antes:

El dinero es la raíz de todos los males.

Sí, nuestro mundo está lleno de horrores e injusticias innombrables que surgen de las cosas que las personas hacen con el dinero, pero los actos nefastos son provocados por los perpetradores y no por el dinero. Es como decidir que los autos son inherentemente malos porque las personas se convierten en imbéciles que van por ahí lanzando obscenidades detrás del volante o que los pelapapas son odiosos simplemente porque te cortaste un dedo una vez con uno de ellos. El dinero, los autos y los pelapapas también son instrumentos de gran alegría, aventuras deliciosas y todos ellos constituyen magníficos regalos de bodas.

En palabras de la fallecida y grandiosa Ayn Rand: *El dinero es solo una herramienta. Te lleva a donde quiera que desees, pero no te reemplazará como el conductor.*

Hay muchas palabras del idioma cuyo significado se traslapa de algún modo. Es fácil confundir dónde termina una y empieza la otra. Por ejemplo: amor/lujuria, ser amable/mentir, tener confianza/ser presumido. En lo que se refiere al deseo de ganar dinero, el término más común con el que las personas lo confunden es con «codicia», especialmente cuando se discute la raíz de todos los males y otras cosas desagradables de ese tipo. Con todos esos ejemplos, tomarte un momento para descubrir la verdad puede ahorrarte muchas decepciones y aflicciones. Así pues, aclarémoslo:

Codicia: *un deseo insaciable, excesivo y egoísta de tener más y más y más.* Otro término que a menudo se confunde con el dinero es «ansia de poder»: *tener influencia en una forma tiránica y súper mezquina.* Y no nos olvidemos del típico «corrupto»: *persona moralmente en bancarrota que se enfoca en las ganancias personales al tiempo que le importa un pepino la forma como sus acciones afectan a otras personas o lo que dice la ley.*

Estas son algunas otras formas populares en las que las personas utilizan el término «dinero» incorrectamente:

El dinero lo echa todo a perder.

El dinero y la amistad son como el agua y el aceite.

El dinero convierte en monstruos a las buenas personas.

Muy duro, ¿no es así? No es que el dinero haya irrumpido en tu casa y te haya golpeado en la cara así porque sí; solo está tratando de ayudarte a que compres cosas. Aquí hay algo más que es importante que entiendas en relación con el dinero si quieres salir y ganar un montón.

DINERO SIGNIFICA MONEDA Y LA MONEDA ES ENERGÍA

El dinero es una página en blanco que obtiene su valor de la energía y el significado que nosotros le damos. Por ejemplo, los 50 dólares que te ganas por barrer las hojas del jardín de la señora que vive enfrente tienen una energía muy distinta a los 50 dólares que le robas alguien del bolsillo en el metro. La misma silla andrajosa que comprarías en una tienda de segunda mano por cinco dólares podría valer cinco mil dólares si David Bowie la hubiera tenido en su autobús de giras. Algunos artistas cobran 200 dólares por sus pinturas mientras que otros cobran 20 000. Digamos que te contratan para hacer algo y a mitad del trabajo te das cuenta de que cobraste muy poco; cuando finalmente llega tu pago, sientes como si te hubieran pagado con una servilleta usada. O, si cobraste de más, te hace sentir avergonzado, infame y sucio. Y si cobras la cantidad exacta, te sientes animado, como una super-estrella. Dar y recibir dinero es un intercambio energético entre las personas, y tu trabajo consiste en lograr conscientemente que tu frecuencia se alinee con el dinero que deseas manifestar y abrirte a recibirlo. Eso significa tener muy claro el valor del producto o servicio que estás ofreciendo, sentirte entusiasmado y agradecido en lugar de extraño y compungido por recibir dinero a cambio, y tener fe absoluta en que este dinero viene en camino hacia ti en lugar de preocuparte por la posibilidad de que no llegue.

He aquí un importante concepto que hay que entender: el dinero siempre viene a ti a través de otras personas, pero proviene de la Inteligencia Universal, como todas las cosas. Y esa es la razón por la que enfocarte en la frecuencia de tus pensamientos, y no en las personas de las cuales esperas obtener el dinero, es la clave para hacerte rico. Por ejemplo, digamos que necesitas ganar 4 000 para enviar a tu abuela en primera clase a la convención de confección de edredones que se llevará a cabo en Nueva Escocia y a la cual siempre soñó con asistir. Decides que vas a vender tu figura sin abrir de Obi-Wan Kenobi para obtener el dinero y tienes a alguien verdaderamente interesado en comprarla. Eleva tu frecuencia para que se empate con la frecuencia de los 4 000 dólares que vienen hacia ti en lugar de enfocarte en la persona específica de la cual esperas obtenerlos. Enfócate en el hecho de que estás dándole a alguien el más asombroso souvenir de *Star Wars*, con todo y su sable luminoso retráctil, a cambio del dinero que deseas y mereces. Imagina a la abuela platicando con las personas en primera clase, dándole un sorbo a su champaña de cortesía, pidiendo sugerencias sobre qué retazos de tela puede utilizar para su edredón. Tu foco de atención necesita ser tu deseo de tener ese dinero y el objetivo del mismo, tu emoción por compartir algo de valor con alguien para obtener el dinero, tu claridad en cuanto a lo feliz que va a hacer a esa persona, tu gratitud porque este dinero está viniendo a ti y, por supuesto, tu fe en que el universo te respalda.

···

Las personas son al dinero lo que una papa a
la francesa es a la catsup: simplemente son el vehículo.

···

No solo no te corresponde hacer que alguien haga algo, sino que enfocarte en una persona en particular que puede o no ser el vehículo para el dinero que buscas te aleja potencialmente de la persona que tiene el gran saco de dinero que el Universo está tratando de entregarte. Es como decidir que vas a atraer al amor de tu vida. Te enfocas en las cualidades que debe tener esa persona, en tu emoción de estar con ella, en la alegría de que él/ella también te está buscando, y haces cosas como sonreír más seguido, dibujar corazoncitos en todas partes, dejar la casa oliendo a flores: esta es la descripción de tu trabajo. No te la pasas tratando de convencer a aquel chico guapo que conociste en la cafetería que no tiene el más mínimo interés en ti, que anda en motocicleta y no tiene nada en común contigo, de que eres su único y verdadero amor, pasando por alto, así, al increíble chico del trabajo que tiene una nariz enorme pero que es perfecto para ti en el proceso. Lo mismo ocurre con el tema de ganar dinero: haces el trabajo energético, alineas tus pensamientos, tus acciones y tus palabras con aquello que deseas crear y le entregas el resto de los detalles al Universo.

Todo se relaciona con la energía del intercambio. Aprendí mucho sobre esto el día que di a mis amigos el descuento/acceso gratuito en mis servicios de asesoría. Devaluar mi trabajo les dio una fácil excusa para devaluar sus propios esfuerzos: no tenían incentivos para estar a la altura de las circunstancias e impulsarse verdaderamente porque, literalmente, no estaban invirtiendo nada. Terminé haciéndole un flaco favor a todos al bajar la frecuencia relacionada con el dinero en lugar de exigir que todos nos pusiéramos nuestros pantalones de adultos y apoquináramos. Estos «favores» fueron una enorme pérdida de tiempo para todos los involucrados y se pudo haber evitado si yo no hubiera actuado a partir de una sensación de extrañeza y vergüenza por cobrarles a mis amigos.

Como el dinero es moneda corriente y la moneda corriente es energía, cuando reduces tu valor y disminuyes tus precios para amoldarte a alguien, básicamente estás diciendo lo equivalente de: «no pienso que puedas crecer y manifestar el dinero que deseas para trabajar conmigo.

No creo que seas tan poderoso. Tampoco creo que yo tenga el derecho a cobrar lo que vale mi trabajo o a tomar las decisiones sobre cuánto cobrar». No hacer descuentos en mis tarifas no significa que no done mi dinero y mis servicios, que no ofrezca becas, que no ponga cosas en oferta, etcétera, sino que solo lo hago si la energía alrededor es limpia; es decir, si viene de una postura de poder y posibilidad y no de una postura de inseguridad, vergüenza, de no poder hacer las cosas, de carencia, de sentir que soy una codiciosa, una mala amiga, etcétera.

El dinero es un recurso renovable. Va y viene; fluye y refluye y está destinado a moverse. Cuando somos tacaños para gastarlo o nos sentimos raros por recibirlo, bloqueamos su curso natural, nos colocamos en un punto de carencia y no en uno de abundancia, y nuestra energía se vuelve *riqueza interrumpida*. Incluso algo tan insignificante como dejar una buena propina a la mesera o recoger en lugar de dejar pasar una moneda que está tirada en la calle o permitir que tu vecino te pague por cuidar a su perro todo el día —lo cual pudiste haber hecho de forma gratuita— viene de una energía de abundancia y de una apreciación saludable y feliz del dinero. Aquello en lo que te enfocas, lo creas más, así que si tu plan es hacerte rico, querrás enfocarte en la abundancia tanto como te sea posible. Da tanto como puedas tan a menudo como puedas, recibe con gratitud y alegría, piensa en el dinero como tu amigo, eleva tu frecuencia y entra en el flujo, ¿entendido?

HISTORIA DE ÉXITO: SI ÉL PUEDE HACERLO, TÚ TAMBIÉN.

Cómo Joe, de 40 años, atrajo dinero para sí y pasó de ganar 40 000 dólares al año a ganar más de 100 000:

Cuando se trataba de aumentar mis ingresos, yo era mi peor obstáculo. No pensaba que mereciera tener dinero y era demasiado crítico conmigo mismo, lo cual trajo como resultado la autodestrucción.

Comencé a leer y a escuchar montones y montones de libros de autoayuda. Mi viaje al trabajo por las mañanas era de una hora en aquel tiempo y solía escuchar audiolibros, al menos, dos horas diarias. Mi giro radical comenzó cuando me di cuenta que el Universo/Dios quería darme todo lo que yo deseaba. Luego, tuve que cambiar mi forma de ver las cosas porque el truco consiste en que tú también tienes que desearlo verdaderamente, al punto en el que creas que ya te pertenece.

Trabajo en un ambiente corporativo y comencé a subir de nivel una vez que me apliqué y cambié mi mentalidad. Acepté mayores responsabilidades y salí de mi zona de confort tanto como me fue posible.

Lo que me mantiene avanzando es recordar por qué comencé a hacer el trabajo que hago: porque me encanta ayudar a las personas. Me encanta utilizar mi cerebro. Me encanta sentirme desafiado constantemente. Me encanta la camaradería que hay en la oficina. También recuerdo que no quiero quedarme atorado en el mismo lugar en el que estaba cuando el proyecto comenzó. El sentido de logro es como una droga.

Antes, era difícil ganar dinero; ahora, el dinero me rodea por completo y lo atraigo. Normalmente pago todo con tarjeta de crédito; sin embargo, me he propuesto tener algo de efectivo en distintos lugares de mi casa en todo momento. No porque necesariamente tenga que gastarlo, sino, más bien, para establecer un recordatorio inconsciente de que el dinero está en todas partes y que todo lo que necesito hacer es estirar la mano y tomarlo. Ya sé... suena trillado, ¿no es así?... Sin embargo, a mí me funciona. Ayuda a eliminar la ansiedad cuando ocurren cosas inesperadas y las cosas se ponen difíciles. Supera el miedo, ve a la raíz del miedo y trabaja con él.

PARA SER RICO

Mantra del dinero sugerido (dilo, escríbelo, siéntelo, hazlo tuyo):
Amo el dinero porque es la raíz de muchas cosas increíbles.

1. Escribe cinco palabras positivas para describir el dinero.
2. Practica decir «gracias» cada vez que recibas dinero y piensa: «¿sabes? El dinero me ama; simplemente no puede soportar estar lejos de mí», da una vuelta de la victoria alrededor de tu casa, besa tus mejillas, celebra el trascendental regalo de estar en el flujo de la abundancia: aquello que aprecias, te aprecia. Haz esto ya sea que recibas dinero en el correo o aparezca como intereses sobre una inversión o te lo entregue una persona, etcétera. Deléitate en el sentimiento de gratitud y en la alegría de estar en flujo con el dinero.
3. Aparta al menos cinco minutos todos los días para sentarte en silencio conectándote con la energía del dinero. Imagina que el dinero fluye a tu alrededor, llenándote, entrando y saliendo de tu corazón. De igual modo, camina todo el día sintiéndolo tanto como te sea posible.
4. Deja dinero en tu casa en distintos lugares de modo que te acostumbres a verlo todo el tiempo. Recuérdate lo abundante que es. Haz que sea como una búsqueda del huevo de Pascua.

Por favor, llena el espacio en blanco:
Estoy agradecido(a) con el dinero porque _____
_____.

CAPÍTULO 4

LAS MEJORES PRÁCTICAS
PARA SALIR DE LA QUIEBRA

En algún punto de mi viaje para vencer mi fragilidad financiera, asistí a un seminario de fin de semana titulado: «¡Manifiesta dinero como un millonario!» No recuerdo los detalles, pero probablemente fue en Las Vegas, posiblemente en algún salón de conferencias de un hotel bastante cursi y, definitivamente, fuera de mi zona de confort. Hubo un periodo de alrededor de tres años cuando tenía cuarenta y tantos en el que asistía a este tipo de cosas todo el tiempo. Este evento en particular se llevó a cabo después de que comencé mi negocio en línea para ayudar a escritores a redactar sus propuestas para la publicación de sus libros, antes de que mi negocio alcanzara las seis cifras por vez primera y unos meses después de mudarme de una cochera en la que vivía a una casa construida para seres humanos. Normalmente tenía que arrastrarme a esos seminarios porque me sentía muy fuera de lugar en ellos. No porque no necesitara desesperadamente la información —porque Dios sabe que la necesitaba— sino porque si alguno de mis amigos me encontraba ahí con una etiqueta pegada en mi pecho con mi nombre escrito, discutiendo el poder de la gratitud en mi pequeño grupo de discusión, participando en la arenga: «¿quién es un imán para la riqueza?», «Yo soy un imán para la riqueza», «¡no los escucho!». «¡YO SOY UN IMÁN PARA LA RIQUEZA!», jamás habría superado la vergüenza. En otras palabras, sentía que estaba por encima de todo ello. Era demasiado *cool* para la fiesta. Sarcasticaurux Rex. El tipo de personas que aman viajar (turistas) y aman comentar (conmigo) lo increíble que sería un lugar si tan solo no hubiera tantos turistas. En esencia, estaba obsesionada con la idea de la autotransformación, particularmente, de la mía; estaba fascinada con conceptos como el del poder de la mentalidad, y me di cuenta que quería ser un *coach* de vida del mismo nivel del tipo que se encontraba en el escenario, en lugar de seguir siendo la «chica de los libros» por el resto de mi vida. Sin embargo, me avergonzaba admitirlo porque tenía miedo de lo que pudieran pensar las personas que formaban parte de mi vida. Esto fue todavía en la época en la que se consideraba que ser *coach* de vida tenía (¿la sigue teniendo?) la misma legitimidad altamente cuestionable de las lecturas psíquicas o los tónicos para el crecimiento del cabello. *A todo esto, ¿de qué diablos se trata? ¿Es parecido a la terapia? ¿Tienes que hacer calentamiento previo?*

El asunto es que el evento lo estaba realizando un *coach* al que había estado siguiendo durante bastante tiempo pero con quien nunca había trabajado con anterioridad. Me encontraba en su lista de correos, había leído todos sus boletines informativos y llegué a descubrir que era un orador brillante y cautivador. Por alguna razón solía decir cosas que había escuchado un millón de veces anteriormente, pero de repente, la luz se encendió, me puse de pie agitando los puños en el aire, sollozando con un recién hallado entendimiento. «¡Maldita sea, YO SOY un imán para la riqueza! Lo soy», snif, «en verdad lo soy». Sabía que él era la persona con la que necesitaba trabajar para transformar por completo mi vida y mi negocio y para descifrar el código para ganar cifras de seis ceros de forma consistente, fácil, alegre y esperanzadora al tiempo que sostenía en mi mano un coctel de frutas en una playa en algún lugar del mundo.

El último día del seminario, mientras todos estábamos captando plenamente la profundidad de nuestro propio potencial ilimitado, nos lanzó dos oportunidades para trabajar con él. Una era un paquete de *coaching* en grupo donde te reunirías en persona un par de veces al año, recibirías apoyo vía telefónica, apoyo vía correo electrónico, estimulación grupal, etcétera, por quince mil dólares. Luego estaba el intenso, elegante e inteligente paquete de un año donde podías trabajar con el maestro uno a uno. Esta opción era para quienes en verdad no estuviéramos haciéndonos pato, que estuviéramos listos para transformar totalmente nuestra realidad financiera y supiéramos que él era el mentor apropiado para llevarnos a ese punto. Esa era yo. Esto era exactamente lo que yo necesitaba. Costaba 85 000 dólares.

En esa época yo ya había invertido miles de dólares en asesoría —privada, grupal, de todo tipo (no importa de qué tipo, solo ayúdenme a librarme de mis problemas)— y cada vez había un estirón financiero importante y aterrador para mí. Sin embargo, cada vez que trabajaba con el *coach* apropiado obtenía grandes resultados por un par de razones. Primero, porque soy una excelente aprendiz: me encanta aprender y desafiarme; soy maleable; me motivo una vez que tomo una decisión; me horroriza meterme en problemas por no hacer mi trabajo, etcétera. También había alcanzado oficialmente mi umbral del dolor por sentirme a merced del dinero y había saboreado suficientes victorias pequeñas como para saber que podía dar un salto cuántico y ser tan grande como quisiera ser con la guía apropiada.

Sin embargo, ¡85 000 dólares era demasiada lana! Para alguien como yo, tan solo pensar en poner mis manos en esa cantidad de dinero parecía imposible, tan improbable como hacer una parada en Saturno para tomar un vaso de leche en mi camino a casa. Era dinero del tamaño de una casa. Era más que mi ingreso anual. Esto haría que mis amigos dejaran de reírse de mí y comenzaran a intervenir. No obstante… como acababa de pasar los últimos tres días elevando mi frecuencia y agitando mis puños por lo alto y expandiendo mi percepción mucho más allá de los límites de mi «realidad» presente, no estaba pensando en lo loco que estaba este bicho raro; estaba pensando cómo podía conseguir esos 85 000 dólares extra.

Y en el momento en el que cambió mi forma de pensar, cuando pasé de: «no hay manera» a: «debe haber una forma», me di cuenta de lo que, quizá, era el mayor obstáculo que había estado impidiéndome hacer dinero durante toda mi vida.

Existen un montón de trucos que te ayudarán a desenterrar tus creencias subconscientes profundamente arraigadas que repelen el dinero y voy a comenzar con el más poderoso: lánzate al fuego. Enfréntate a tu más grande miedo. Emprende acciones audaces y de grandes proporciones en la dirección de tus sueños y no dejes que te detenga el hecho de estar haciéndote pipí en los pantalones. Para mí, el combo de soltar una cantidad tan gigantesca de efectivo y darme cuenta de lo grande y visible que podría ser si me aplicara en este nivel me lanzó a una realidad alternativa. La posibilidad de tener el dinero y el éxito la sentí muy, pero muy, pero muy real por vez primera, e hizo que el pequeño príncipe saliera corriendo de mí, aterrorizado.

Esta es la sensación que estás buscando cuando das un paso enorme en tu vida: emoción y terror por partes iguales. Y si logras permanecer en curso, uno de los muchos resultados gloriosos puede ser que vas a aterrorizar tanto a tu subconsciente (recuerda, está tratando de mantenerte a salvo dentro de tu zona de confort) que va a levantarse esgrimiendo un arma y rebelándose contra ti como un faisán que sale sobresaltado de un arbusto. Eso fue exactamente lo que me ocurrió. Al tener un pensamiento que jamás había tenido antes y que se encontraba muy lejos de mi zona de confort —esto es: *soy el tipo de persona que puede manifestar 85 000 dólares para un programa de asesoría y convertirme en una mujer extraordinariamente exitosa*— una de mis creencias más profundas y oscuras que se encontraba oculta en el fondo mismo de mi subconsciente apareció delante de mí, cubierta toda en cieno y algas marinas, tan clara como el día. Y fue esta: si me convierto en una mujer financieramente exitosa, mi adorable padre, que trabajó toda su vida para proveerme y cuidarme, se sentirá aplastado, derrotado y abandonado porque yo ya no lo necesitaría.

Mientras esperaba en la fila para entregar mi tarjeta de crédito y dar un depósito, tuve una imagen de mi dulce y anciano padre, vestido con su suéter amarillo de cuello en V que siempre traía puesto, con la mirada dirigida a sus tenis, las manos en los bolsillos, sin saber qué hacer o decir. Aunque no me mantenía, el método favorito de mi padre para mostrarme amor y sentirse necesitado y valorado era darme dinero, y me di cuenta de que, a nivel subconsciente, yo creía que si me hacía rica estaría rechazando su amor y, en esencia, enterrándole un cuchillo en el corazón.

Esta revelación fue una de las cosas más importantes que jamás haya recibido en mi vida, además de enterarme de que Jeff Rumarez estaba enamorado de mí en noveno grado. Una vez que me di cuenta de mi congoja por mi viejo padre pude cuestionar, apaciguar y reescribir mi creencia limitante subconsciente y crecer en nuevas y extraordinarias formas...

CONSEJO PARA SALIR DE LA QUIEBRA #1: TACLEA TUS MIEDOS

Determina algo que puedas hacer en este momento que te lleve un enorme paso más cerca de tu meta de hacerte rico. Asegúrate de que sea algo intimidante, algo que preferirías no hacer porque es súper incómodo, algo que te haga sentir que podrías vomitar; por ejemplo, rentar un enorme espacio para tu nueva compañía de bolsas de mano, atravesar todo el país y averiguar cómo puedes lograr estar frente al tipo que está a cargo de contratar personal para aquel trabajo de ingeniería para el cual eres perfecto, llamar en frío a diez clientes prospecto, contratar a un nuevo empleado de tiempo completo, etcétera. Observa cualquier creencia subconsciente limitante que pueda salir como despavorida de su escondite como resultado, y si surge algo, escríbelo. O, ya sabes, desmáyate. En público. Como yo lo hice. Rompí a llorar en semejante estado de histeria en medio de aquel seminario que la única razón por la que sobreviví fue porque no quise pasar mis últimos días en la tierra en Las Vegas. Sin embargo, después me sentí muy bien. Fue como deshacerme de algo que en verdad necesitaba salirse de mi cuerpo. Me sentí más ligera, aliviada, como si me hubieran dado permiso de tener un lapsus para, finalmente, crecer.

Una vez que has desenterrado tu creencia dañina hasta entonces desconocida, tómate un tiempo para sentir todo lo que surja. En serio: haz una pausa, reconoce y permite que cualquier tristeza, frustración o pesar salga de tu cuerpo: *¡Vete al diablo, maldita creencia subconsciente limitante! ¡Pasé medio siglo de mi vida comiendo en casa sopa de almejas enlatada en lugar de cenar en el maravilloso restaurante argentino, todo gracias a ti!*

Saca todo lo que tengas dentro, pero no te quedes ahí por el resto de tu vida. Tu pequeño príncipe estaba tratando de mantenerte vivo y amado, así que una vez que has terminado con tu berrinche, enfócate en el punto al cual te diriges y no en lamentar el pasado.

Una vez que descubras qué es lo que ha estado frenándote y te des la oportunidad de comenzar a liberarlo, empieza a identificarte con una nueva historia utilizando los detalles de lo que has aprendido. Por ejemplo, yo visualicé a mi padre sintiéndose muy feliz y orgulloso de mi éxito financiero. Me imaginé diciéndole cuánto lo amaba, agradeciéndole por ser un ejemplo tan increíble, y sentí cómo él, a su vez, se sentía aliviado de que yo pudiera cuidar de mí misma financieramente hablando. Otra cosa que hice y que sigo haciendo es permitirle darme dinero. Estoy mucho más consciente de cómo eso lo alegra, lo cual, entonces, me alegra a mí, y mi recién hallado entendimiento de la energía que se da en este intercambio me permite recibir el dinero todavía con más gratitud y amor hacia mi padre que cuando en verdad lo necesitaba. Él no tiene idea de nada (eh, papá, ¿estás leyendo esto?) y ese no es el punto; todo esto es cosa tuya, estas son las creencias que tú mismo creaste; se trata de liberar la energía que está en tu interior y no de involucrar a otras personas en tu sesión de terapia.

CONSEJO PARA SALIR DE LA QUIEBRA #2:
CUIDA TUS PALABRAS

Si yo te digo: «no puedes hacer dinero porque eres un idiota», eso evoca un pensamiento y un sentimiento en ti, igual que: «eres increíble, infinitamente poderoso y te amo» también evoca un pensamiento y un sentimiento. Tus pensamientos son la autopista que te lleva al mundo espiritual, que es donde la Inteligencia Universal radica y se lima las uñas, esperando que emitas una orden. Y ya que las palabras y los pensamientos son los mejores amigos —comparten todo, completan las frases de unas y otros, se apoyan entre sí e intercambian información y emociones como si fueran notas secretas en la preparatoria—, si estás en bancarrota o no te encuentras en el lugar en el que te gustaría estar financieramente, puedes estar seguro de que tu lenguaje podría mejorar. Igual que emprender acciones espectaculares puede evocar creencias enterradas, observar lo que sale de tu boca también puede tener ese efecto. Las palabras son magníficos instrumentos para poner al descubierto tus pensamientos y creencias ocultos acerca del dinero.

Afortunadamente, el proceso de salir de la quiebra a través de tus palabras es bastante sencillo. Básicamente tienes que tomar la decisión de prestar atención. Ahora que has hecho el compromiso de leer este libro y descubrir tus creencias acerca del dinero, haz el compromiso de hacerte consciente de tu lenguaje. Haz que este sea tu mantra: *ve más despacio y cállate.* Practica hacer respiraciones profundas antes de hablar. Esto te dará el espacio para detenerte, observar lo que está a punto de salir de tu boca y corregir el curso si es necesario.

Prestar atención a lo que otras personas dicen es otro excelente truco (y, ciertamente, algo muy bueno en general). Te dará la oportunidad de pensar: *mmmh, ¿así es como me oigo?* Normalmente esto resulta muy aleccionador porque las personas con las que más convivimos tienden a verbalizar las mismas creencias sobre el dinero que nosotros.

A continuación te presento algunas frases que debes observar en otras personas y en ti mismo:

Quiero (= no tengo)

Quisiera (pero no tengo el control = desempoderamiento)

Necesito (porque no lo tengo = carencia)

No puedo (obvio)

Lo estoy intentando (pero no estoy comprometido)

Espero (podría ocurrir o no = falta de fe)

Debería (pero quizá no lo haga, y, tal vez, no quiero hacerlo)

No sé (dicho como una verdad, le da un portazo en la cara a encontrar la forma de hacerlo)

Estos son algunos reemplazos magníficos:

Tengo

Creo

Estoy agradecido por

Disfruto

Puedo

Elijo

Amo

Por otra parte, hay dos palabras que necesitamos detectar con mucho cuidado y son: «ya sé».* Nada cierra más la puerta a una mayor investigación y a una acción radical más rápido que: *sí, claro, ya sé que es importante estar consciente de mis pensamientos. No hay necesidad de explicarlo, ¡a lo que sigue!* Son palabras muy mañosas porque tendemos a pensar que impresionamos a la personas por saber cosas, cuando, en realidad, sin importar cuanto «sepamos», siempre hay más versiones de la historia, más saltos gigantescos de fe y un número infinito de preguntas que podrían expandir enormemente nuestra conciencia. Especialmente en el ámbito de la autoayuda —donde a menudo necesitamos escuchar las cosas una y otra y otra vez antes de que hagan clic en nosotros— resulta fundamental permanecer con los ojos bien abiertos y haciéndonos preguntas.

La otra cosa que hacen las palabras «ya sé» es que nos impiden recibir información proveniente de la Inteligencia Universal. Cuando estamos muy convencidos de, y apegados a lo que nuestro cerebro nos dice, nos perdemos la oportunidad de recibir un conocimiento mucho más profundo. Lo que en esencia estamos haciendo es actuar como si fuéramos más inteligentes que la Inteligencia Universal —aquello que creó todo lo que existe en nuestro Universo infinito—, siendo que apenas podemos recordar qué día pasa el camión de la basura.

*NOTA IMPORTANTE SOBRE EL «YA SÉ»: Tienes permiso de utilizar la frase «ya sé» cuando se usa como una confirmación de la grandeza, como en: «ya sé que puedo hacer carretadas de dinero; ya sé que soy un chingón de chingones», etcétera.

Lo cual me lleva a mi siguiente consejo.

CONSEJO PARA SALIR DE LA QUIEBRA #3: CIERRA LA BOCA TODAVÍA MÁS

Una de mis frases favoritas es: «hubo una vez un hombre sabio que no dijo nada». Me encanta esta cita en muchos sentidos porque nos recuerda que cuando guardamos silencio, cuando nos quitamos del camino y escuchamos a esos personajes inteligentes conocidos como nuestra intuición y el Universo, puede llegar a nosotros la verdadera sabiduría. Y salir de nosotros. Y también nos recuerda que mucho de lo que sale de nuestra boca es algo parecido a: *¡mírenme! ¡Voy a contarles cinco millones de cosas maravillosas sobre mí para que me amen! ¡Voy a burlarme de mí mismo antes de que alguien más pueda hacerlo para no sentirme estúpido!* Las palabras son herramientas poderosas para conectarnos con nuestros compañeros humanos, para compartir con ellos información, amor, buen humor, ideas y deliciosas recetas de pollo. Entre más despacio vayas y te calles, mayores posibilidades tendrás de tomar decisiones poderosas, y mayor espacio tendrás para darte cuenta en el momento y preguntarte: *¿por qué estoy a punto de decir esto?*

Una de las mejores formas de pasar por alto el ruido que hay en nuestro cerebro y de descubrir lo que está ocurriendo debajo es la meditación. Sentarte para estar en silencio con un propósito en mente. Aunque sea solo cinco minutos al día, si lo haces cada maldito día habrá una diferencia tan grande que no podrás creer cómo es que no te sentaste y te callaste antes. Con un cronómetro, siéntate en una postura cómoda, concéntrate en tu respiración, observa qué pensamientos vienen a ti y amablemente sácalos y vuelve a enfocarte en tu respiración. Te recomiendo ampliamente tener una libreta a la mano para escribir cualquier pensamiento que te venga a la mente y que desees recordar e investigar más a fondo. Antes de sentarte, hazte una pregunta relacionada con algo con lo que estés luchando, como *¿Qué pensamientos acerca del dinero están bloqueando mi flujo?*

Otro ejercicio revelador es la visualización. Tómate cinco o diez minutos para imaginarte viviendo alguno de los detalles que conforman tu deseo de tener riquezas. Digamos que una de las razones por las que quieres ser rico es porque quieres llevar a tu familia de viaje a Madrid. Imagínate ahí, observa cómo se siente, cómo huele, dónde te hospedas, lo que ves, comes, compras, y lo que le platicas al taxista. Imagina lo que otras personas piensan de que hagas este viaje. Quédate en el sentimiento y observa si surge alguna creencia truculenta, cualquier cosa sobre no merecer viajar o sobre ser egoísta o: *hay muchas personas necesitadas en todo el mundo ¿y tú estás gastándote el dinero en el Museo del Jamón?* Escribe cualquier cosa que surja y cuestiónala.

CONSEJO PARA SALIR DE LA QUIEBRA #4: TEN UNA PLÁTICA CON EL DINERO

Te des cuenta de ello o no, tienes una relación con el dinero. Si trataras a las personas que hay en tu vida de la misma forma como tratas al dinero, estarías cenando tú solo un pollo el día de Acción de Gracias cada noviembre. Una de las mejores formas de descubrir cómo te sientes verdaderamente en relación con el dinero es escribirle una carta como si se tratara de una persona. A mí me parece que este ejercicio es una verdadera maravilla y varios clientes y lectores me han dicho que ellos también se percataron de que estaban actuando como auténticos dementes en lo referente al dinero. En aquel momento, mi carta al dinero decía más o menos así:

Querido dinero:

Te amo y me gustaría tener más de ti, pero estoy resentida contigo por necesitarte. Nunca estás cuando te necesito y, definitivamente, no confío en ti; me siento sucia al admitir que te deseo, pero me emociona muchísimo cuando te apareces. Me preocupo por ti todo el tiempo. Ojalá no te necesitara. Eres de lo peor. Por favor, por el amor de Dios, preséntate en grandes cantidades pronto.

Tenía una relación de atracción/repulsión con el dinero, como la mayoría de las personas, y no sé cómo pude tener siquiera un poco. Mi energía la ocupaba en bloquearlo al tiempo que trataba de darle la bienvenida.

A continuación te presento algunos fragmentos de cartas que me han enviado algunos lectores para mostrarte que no estás solo en tu locura monetaria:

Querido dinero:

Me siento confiada y segura cuando estás aquí, y me gusta gastarte cuando estás presente. Me siento generosa con otras personas. Sin embargo, algunas veces te vas sin siquiera decir adiós. Eres como un amante que va y viene a capricho, y, sin embargo, siempre quiero que regreses. Me hace sentir resentida y frustrada. Me asusta mucho cuando te vas porque tengo miedo de que quizá nunca vuelvas. Eso me hace sentir mal en relación conmigo misma. ¿Por qué no puedes simplemente disfrutar de que estemos juntos?

Querido dinero:

Te amo y te respeto y me esfuerzo mucho por utilizarte sabiamente, pero a menudo siento que te decepciono. A menos que trabaje verdaderamente duro no siento que merezca tener más de ti en mi vida. Sé todas las cosas maravillosas que podemos hacer juntos: disfrutar vacaciones increíbles, bendecir a mi familia, hacer donativos a organizaciones de beneficencia en las que creo, y, sin embargo, a menudo no siento que merezca tener más de ti en mi vida.

Querido dinero:

Te amo y te tengo miedo. Sería increíble tener más de ti pero me siento raro admitiéndolo. Es como si, de algún modo, me hiciera una mala persona. Tampoco sé lo que haría si tuviera toneladas de ti. Siento que simplemente me lo gastaría porque no tengo idea de cómo invertir, así que probablemente estoy impidiendo que te manifiestes para no verme estúpido.

Querido dinero:

Me encanta tenerte cerca y quiero mantenerte a salvo de modo que puedas ayudarme si surge alguna emergencia en mi vida. Sin embargo, tengo miedo de que si tengo mucho de ti otros puedan ofenderse o que mi esposo trate de arrebatarte. No tengo ni la educación ni las habilidades que me permitan ganar lo suficiente para tener tanto de ti como yo quisiera.

Querido dinero:

En verdad te odio. Detesto que tengas la capacidad de, literalmente, provocarme un dolor físico cuando veo las cuentas por pagar. Detesto que mi estómago se me suba a la garganta cuando veo el saldo de mi préstamo estudiantil. Detesto que tengas todo ese poder sobre mí. De hecho, me encantaría dedicar mi vida a ayudar a las personas, pero me siento obligada a aceptar trabajos que me disgustan de modo que pueda tener más de ti. Desearía iniciar desde cero mi relación contigo. Quiero actuar a partir de una postura de abundancia y no de una de miedo, enojo y arrepentimiento.

Escuché una historia acerca de una trampa para monos que se utiliza en ciertas partes de África y la India y que es una excelente metáfora para la forma en la que elegimos aferrarnos a nuestras creencias limitantes relacionadas con el dinero. Lo que hacen es que toman una caja, le hacen un hoyo, meten un plátano dentro de la caja, la dejan por donde deambulan los monos y esperan. Cuando un mono viene y ve la caja, se mete, toma el plátano y queda atrapado porque su penca de plátanos es demasiado grande como para caber por el hoyo que tiene la caja. Si quiere liberarse todo lo que tiene que hacer es soltar la penca, y si insiste en aferrarse a ella, quedará atrapado.

No puedo recordar dónde escuché por primera vez esta historia, pero ha estado circulando en el mundo del desarrollo personal durante varios años y estoy absolutamente segura de que es una sandez. En primer lugar, ¿cómo podría saber el mono que hay un plátano en la caja? Y, en segundo lugar, ¿cómo lo atrapan una vez que está sentado ahí, atorado, aferrándose al plátano? ¿Acaso se quedan todo el día en la selva, fumando cigarrillos y jugando cartas, esperando al mono, con sus redes listas para atraparlo? Visité una página de Internet que sugería que cuando veían al mono rápidamente lo metían en una tinaja. ¡Una tinaja! Hazme el favor.

He decidido utilizar esta historia de todos modos porque:

a. Yo podría estar equivocada y la historia podría ser verdad.

b. Ilustra un punto que estoy tratando de explicar.

c. Lo que estoy tratando de explicar es que nos inventamos una serie de historias estúpidas y todo lo que tenemos que hacer es soltarlas si queremos cambiar nuestra vida y ser libres, ¿y qué mejor historia relacionada con ello que otra que también sea una absoluta estupidez?

Elegimos quedarnos con nuestras historias porque obtenemos de ellas lo que yo denomino falsos beneficios: logramos mantener nuestra identidad como una persona en bancarrota, le echamos la culpa de nuestra bancarrota a cosas fuera de nosotros (no tengo tiempo, tengo siete hijos, la economía está muy mal, no puedo encontrar una pluma con la cual escribir mi lista de cosas por hacer), no tenemos que empujarnos a salir de nuestra zona de confort y arriesgarnos a fracasar, a vernos como unos idiotas, a perder dinero, a cambiar y a ser diferentes a nuestra familia y nuestros amigos, y la lista continúa y todo se reduce a esto:

....

Tienes que amar tus sueños
más de lo que amas tu drama.

....

A medida que nos aventuramos en el viaje de romper creencias limitantes, quiero advertirte sobre quedar tan atrapado en el procesamiento de tus bloqueos que no emprendas las acciones necesarias para cambiar tu vida. He visto muchos casos en los que las personas se obsesionan tanto con sus problemas que pasan años escribiendo en su diario, yendo a retiros, deconstruyendo lastimeramente su yo interno como una excusa para no dar gigantescos y atemorizantes pasos hacia adelante. Así que quiero animarte a que hagas ambas cosas al mismo tiempo: que investigues todas tus sandeces y que emprendas acciones que te lleven adelante. Quiero reiterar que dar enormes y atemorizantes pasos hacia lo desconocido es la mejor forma de hacer que toda la porquería salga a la superficie. Es como una oferta de dos por uno: progresas y desentierras la porquería. La clave consiste en seguir avanzando cuando descubras tus miedos y creencias más profundamente arraigados y no regreses a un autoanálisis interminable.

No me enorgullece informar que cuando hice mi gran descubrimiento en relación con mi padre durante el seminario sobre dinero, hice exactamente lo que acabo de decirte que no hagas: no emprendí una acción inmediata para conseguir los 85 000 dólares y avanzar con mi meta. Retrocedí y me enfoqué en mis antiguos miedos, dudas y preocupaciones en lugar de permanecer enfocada en lo apropiada que era esta oportunidad para mí. Dudé, y en lugar de inscribirme y dar un salto valiente hacia el siguiente capítulo de mi vida, me salí del salón de conferencias y me fui a casa. Me encantaría echarle la culpa al hecho de que, para mí, era una cantidad de dinero exorbitante en aquel momento; sin embargo, fue mi falta de determinación y mi miedo lo que me hicieron fracasar y no la cantidad (terminé manifestando esa cantidad exacta un año después para obtener la asesoría de alguien más).

Este es un punto verdaderamente fundamental. Cuando tengas una idea de qué te está deteniendo y te des cuenta de lo que necesitas hacer para avanzar, actúa de inmediato. Estás luchando con creencias limitantes profundamente arraigadas —y, hasta este momento, extremadamente exitosas— que han sido verdades durante toda tu vida. Si dudas cuando tienes una pista, le das a esas creencias limitantes que te son tan familiares tiempo y espacio para volver a tomar el control. La duda es la grieta a través de la cual todas tus excusas favoritas salen a la superficie, ahogan tu determinación y te llevan arrastrando de vuelta a la seguridad de tu zona de confort. Escucha a tu intuición, confía en la Inteligencia Universal por encima de tus miedos, ten fe en que lo que deseas ya existe y da un salto como el poderoso chingón que ya eres. ¡Tú puedes lograraaaaaaarlo!

PARA SER RICO

Mantra de dinero sugerido (dilo, escríbelo, siéntelo, hazlo tuyo):
Amo el dinero porque siempre está conmigo cuando lo necesito.

1. Escribe las cinco palabras o frases limitantes más comunes que tú o las personas con las que convives más utilizan para hablar acerca del dinero.
2. Cállate, ve más despacio y deja de utilizarlas.
3. Medita al menos cinco minutos todos los días. Antes de sentarte a hacerlo, hazte la siguiente pregunta: «¿Qué creencia me está impidiendo hacer dinero?» Escribe cualquier pensamiento que te llegue, cuestiónalo, construye una nueva historia y repítetela tal y como se describe en el capítulo anterior.
4. Encuentra una razón súper emocionante por la que quieras hacer dinero y pasa de cinco a diez minutos visualizando todos sus detalles. Observa si surge alguna creencia limitante, y, si es así, sigue las instrucciones del punto número 3.
5. Escríbele una carta al dinero. Observa las creencias limitantes clave y más emotivas que surgen y lleva a cabo el ejercicio de reescribirlas.
6. Escucha tu intuición durante la meditación, visualización, o simplemente durante tus actividades diarias; en el momento en el que tengas una idea brillante que pueda hacerte avanzar en la dirección de tus sueños financieros, actúa en consecuencia. Ve tras ellos como nunca lo has hecho antes. Da un salto como el mayor saltador de todos los tiempos. Observa cualquier pensamiento inservible que surja mientras estás en el aire y reescríbelo, pero no dejes de avanzar. La realización exitosa de este ejercicio puede llevarte a aterrizar en la chingonería absoluta. Nomás digo.

Por favor, llena el espacio en blanco:
Estoy agradecido(a) con el dinero porque _____
_____.

CAPÍTULO 5

LOS GRITOS DE TU CORAZÓN

Escribí el primer libro de *Eres un chingón* mientras me encontraba hospedada en una granja al norte de California. El trato era que tendría la totalidad de aquel paraíso de siete hectáreas, junto con la hermosa casa soleada y la vista de 360 grados si cuidaba de su caballo y sus dos cabras. Me dan un poco de miedo los caballos (¿acaso no necesitas una licencia especial o un título o algo por el estilo para cuidar de un animal tan grande?) y no sabía nada sobre cabras excepto que pueden masticar latas, pero me encantaba el lugar, y amo a los animales, y hospedarme ahí terminó siendo una de las épocas favoritas de mi vida.

Solía pasar los días sentada en el sofá frente a las gigantescas ventanas, escribiendo en mi laptop mientras observaba la Montaña del Diablo. Las cabras pasaban el día en el pórtico frente a la puerta corrediza de vidrio, observándome, esperando en vano poder entrar. Algunas veces se levantaban y perseguían al caballo por el patio o corrían a toda velocidad para chocar entre sí sus cabezas, pero, durante la mayor parte del tiempo, simplemente me observaban con sus extraños ojos cabrescos, masticando enérgicamente su bolo alimenticio, ofendidas y muy serias por el hecho de que siempre permanecían afuera. Algunas ocasiones, cuando simplemente no podían creer que todavía no me hubiera levantado y las hubiera invitado a entrar, tomaban el asunto en sus propias manos y se arrojaban contra el vidrio o se levantaban sobre sus patas traseras y lo golpeaban con sus pezuñas.

Un día, cuando me encontraba de compras en el pueblo, regresé a casa después de cinco horas y encontré al caballo parado en la entrada para el auto, solo. Aunque en verdad era uno de los caballos más grandes que alguna vez había visto, también era uno de los más demandantes y raras veces, si es que alguna vez lo hacía, estaba a más de siete metros de distancia de las cabras.

«¿Qué estás haciendo aquí solito?», le pregunté mientras salía del auto, haciendo una pausa para escuchar el familiar sonido de las pezuñas de las cabras golpeando contra la puerta de vidrio. Mi primer pensamiento fue que era muy extraño que estuvieran tratando de entrar si yo no estaba en casa (eran tan demandantes conmigo como el caballo lo era con ellas). Mi segundo pensamiento fue: *oh, cielos. Maldición. Mierda.*

Me di cuenta que no estaban tratando de meterse. Estaban tratando de *salir.*

Como en cámara lenta, corrí hacia la casa, entré, saqué a las cabras a empellones e hice mi mejor esfuerzo por cerrar y hacer una barricada en la recién violada puerta. Luego me quedé petrificada, con las manos sobre la boca, pronunciando «Santo Dios» una y otra vez mientras trataba de comprender lo que estaba delante de mis ojos. Era como atestiguar la secuela de una fiesta de fraternidad particularmente depravada llena de bebedores amateurs: algo épico, impactante y tan increíblemente espantoso que no puedes evitar observar aunque realmente no desees hacerlo.

Las cabras finalmente habían hecho realidad el sueño imposible y habían golpeado la puerta corrediza de vidrio hasta sacarla de su riel y habían entrado por el espacio que se formó, y la puerta a continuación se cerró por sí sola, dejándolas atrapadas con nada más que hacer que destruir por completo el lugar durante cinco delirantes horas. Su obra incluyó derribar y destruir cada maceta con plantas y esparcir tierra y plantas en un radio increíblemente amplio. Jalaron de la encimera los trapos donde tenía vasos secándose, y, en consecuencia, había vidrios regados por todos lados. Luego estaba toda la fiesta de popó y pipí, misma que ocurrió en cada uno de los muebles y en cada esquina imaginable. Regaron su excremento en mi cama, en el sofá de color blanco, en la mesa de centro, en la mesa del comedor, en la banca que estaba en el pasillo y dentro de mi ducha. Había un volumen tan increíble de orina, de hecho, que me imaginé que de algún modo habían logrado meter al caballo de modo que él también pudiera formar parte de la diversión. Para su acto final, saltaron por todas partes y tiraron cada una de las esculturas y obras de arte de la pared. O sea, ¿a quién se le ocurre *hacer eso*?

Mi primera reacción fue de shock; sin embargo, tengo que admitir, después de eso estaba sumamente impresionada. En verdad hicieron un trabajo muy concienzudo. Podemos aprender un par de cosas de su incansable compromiso con los detalles y del gran orgullo que les dio el trabajo que realizaron.

Estos son algunos secretos del éxito que las cabras personificaron maravillosamente:

- Mastica, patea, arrasa con todos los obstáculos que haya en tu camino.
- Destroza las reglas.
- Sueña. Puedes soñar todo lo grande que quieras soñar.
- Nunca aceptes un no por respuesta.
- Sigue a tu corazón, pase lo que pase.
- No te detengas hasta que alcances tu meta.

A ellas se les abrió un mundo totalmente nuevo, literal y metafóricamente. Trascendieron su estatus de «animal de granja que vive afuera» y se convirtieron en «criaturas que han experimentado con sábanas de mil hilos». Cambiaron para siempre. Lo que esto implicó fue que se convirtieron en dolores de cabeza colosales, y más destructivas que lo que cualquier cabra ha sido alguna vez, lo cual ya es decir mucho.

Embriagadas con el poder de su victoria y su recién hallada mentalidad de que todo lo que desean es posible, lograron brincar la cerca y comenzaron a aterrorizar al vecindario de forma constante. Comenzaron a brincar sobre los autos estacionados, trataron de romper y entrar por cada puerta corrediza de vidrio con la que se topaban, destruyeron bebederos de pájaros, arrasaron con jardines y persiguieron perros pequeños, todo mientras gritaban, reían y orinaban maniáticamente por donde se les hinchaba la gana, como un par de psicópatas de juerga. Rápidamente mandé componer la reja, mandé parchar todos los agujeros que había en la cerca que rodeaba la propiedad y cubrí mi auto con gigantescas placas de madera contrachapada para mantenerlas alejadas, pero el caballo y yo jamás volvimos a ver a las cabras de la misma forma. Los dos estábamos muy asombrados.

. . . .

Las dudas, los miedos y las reglas de otras personas
no son nada para un corazón que tiene una misión.

. . . .

Para poder ser rico, debes conectarte con tu deseo de tener dinero con la pasión de una cabra que quiere meterse a tu casa. Y la clave para hacerlo consiste en tener muy en claro los detalles de tu porqué: ¿por qué deseas este dinero? ¿En qué lo vas a gastar? ¿Cómo vas a sentirte al ganarlo, gastarlo y luego regodearte en la manifestación de tu importantísima razón? El simple hecho de querer ser rico no va a hacer que se manifieste: debe haber un significado detrás del dinero o, si no, en el instante en el que se vuelva difícil o costoso o alguien te diga que estás como drogado si piensas que vas a ser rico vendiendo tu helado hecho en casa, vas a regresar a tu redil de complacencia en lugar de hacer lo necesario para hacer tu sueño realidad. Comienza pensando en lo que te inspiró a tomar este libro. ¿Cómo agregará valor a tu vida tener más dinero? ¿Cómo va a cambiar la persona que eres en el mundo el hecho de que seas rico? ¿Cuál de tus dones estás más emocionado de compartir a cambio de dinero? ¿Dónde sientes que aportas el mayor valor a tus coterráneos? ¿Qué se siente compartir tu yo más grande y más chingón con otras personas?

Si vas a hacer más dinero, necesitas estar en contacto con las emociones que rodean a tu incentivo para hacerlo, porque las emociones son las que te impulsan a la acción. Y si vas a ganar la cantidad de dinero que nunca has ganado antes, vas a tener que hacer muchas cosas que jamás has hecho antes, lo cual te aterrorizará y te desafiará (y te emocionará) a más no poder. Así pues, querrás entusiasmarte auténticamente con la idea de ser rico y querrás tener muy claro por qué es tan importante para ti. Estas son las mejores maneras de hacerlo.

SÉ VERDADERAMENTE ESPECÍFICO

La persona promedio apenas está lo suficientemente motivada para reunir lo necesario para ir por la vida con un despilfarro ocasional en unos zapatos poco prácticos, pero súper lindos, por aquí y por allá, y, ya no digamos, para ir y traer la cantidad de dinero que puede cambiar totalmente la perspectiva que tiene del mundo en el que vive (esto es, de una perspectiva frustrante de limitaciones a una perspectiva de magnificencia). No me malinterpretes, todo mundo tiene la capacidad, pero necesitas tener un enorme y ardiente deseo rugiendo en tu trasero si vas a asumir los riesgos, llevar a cabo los cambios mentales y permanecer en curso hasta que llegues a tu nueva y brillante realidad financiera.

Para poder inspirarnos a nosotros mismos a hacer dinero, el tipo de dinero que jamás hemos hecho antes, necesitamos... sentirnos emocionados por ello. Y como el dinero por sí solo es una pila de papel y monedas carente de significado, querrás tener absolutamente claro para qué es el dinero, lo que significa para ti y cómo te hace sentir. Esto será el fuego para ti. Las aspiraciones vagas llevan a resultados vagos; las aspiraciones específicas te llevan a lanzarte por todo lo alto. Hay un par de razones para esto:

1. Los detalles le permiten al Universo despachar tu orden.

   Jamás irías a una cafetería a pedir un sándwich diciendo: «hola, quiero un sándwich, por favor». Ordenarías el tipo específico de sándwich que quieres: «de carne, con mayonesa, sin mostaza, con pepinillos, lechuga, tomate, enrollado, por favor; de hecho, no ese tamaño de rollo. ¿Puede ser uno como aquel?» Y, por tanto, recibirías el sándwich específico que ordenaste. Y eso te haría feliz. El Universo también necesita que le des detalles. Responderá —siempre lo hace—, pero si simplemente te enfocas en lo maravilloso que sería tener más dinero, puedes recibir diez dólares en lugar de los mil que crearían un verdadero cambio en tu vida.

2. Los detalles crean emociones, y las emociones nos dan la sabia determinación para hacer lo que se requiera para alcanzar nuestras metas.

   Por ejemplo, siente los distintos niveles de energía emocional en los siguientes escenarios:

   Estás listo para ser rico y decides ganar 50 000 dólares extra. Piensas en lo emocionante que sería tenerlos, imaginas tu cuenta bancaria con todos los nuevos ceros que tendría, sientes la fuerza de poder ser capaz de manifestar esa cantidad de dinero y te visualizas dando la vuelta olímpica por tu casa. Aunque todo esto está muy bien, no tiene la misma carga emocional que tiene algo más específico, como decidir hacer 50 000 dólares extra este año, 40 000 de los cuales utilizarás para hacer las remodelaciones en tu cocina de las que has estado hablando por años. Recortaste imágenes de cocinas increíbles de diversas revistas de diseño para el hogar y las pusiste en un tablero de visión que miras todos los días; pediste la cotización de todo el proyecto, incluso, el costo de las agarraderas de los gabinetes; te imaginas cocinando felizmente día y noche mientras estás rodeado de tu familia y amigos. Sientes el espacio, hueles la comida, te ves a ti mismo alimentando a las personas que amas y experimentas la satisfacción de saber que tú lo creaste porque puedes crear cualquier cosa. Has decidido que los otros 10 000 dólares se los darás a tu hermana para ayudarla a lanzar su nuevo negocio de estética canina. Amas a tu hermana, y verla brincando de alegría porque puede hacer realidad su sueño y tú la has ayudado, te hace querer dar marometas. Saber que eres el tipo de persona que tiene los medios para ayudar a otros da un significado profundo a tu vida.

Lo que quieres es sentirte tan entusiasmado por el pensamiento de tener este dinero que saltas de la cama por las mañanas al sonido de las trompetas en lugar de ponerte lentamente los calcetines pensando: «sí, eso sería fantástico». A continuación te presento algunos ejemplos que me han enviado mis lectores y que espero te ayuden a tener en claro tu porqué. Me encanta ser rico porque:

- Me hace sentir confiado y poderoso sabiendo que hice lo necesario para dejar de estar en bancarrota y hacerme rico.
- Entre más dinero tengas, mayor libertad tienes con tu tiempo. Quiero poder prescindir de los servicios de mi niñera y convivir más con mis hijos.
- Puedo contribuir con miles de dólares al año a organizaciones de caridad para ayudar a salvar a los animales.
- Puedo gastar mi dinero en ir al cine, comprar la ropa que me encanta, salir a cenar (lo cual amo hacer más que cualquier otra cosa en el mundo), en lugar de utilizarlo solo para las cuentas, las necesidades, etcétera.
- Puedo comprarle regalos maravillosos a las personas y, finalmente, llevar a mi familia a Portugal.
- Puedo verme con los mejores ojos; estoy siendo la mejor versión de mí mismo; me he permitido ser todo lo que quiero ser.
- Seré una inspiración para otras mujeres, como mis hijas y mujeres con problemas, específicamente las que se sienten atrapadas en relaciones abusivas con hombres.

- Dormiré plácidamente por la noche sabiendo que estoy en números negros. En este momento no estoy durmiendo tan bien debido al estrés.
- Quiero retirarme joven… ¡Yupi!

La otra razón para enamorarte de tus deseos de tener riquezas es porque el amor es tu mayor arma en contra de tus creencias subconscientes limitantes. El amor es omniconsumidor, y se abre paso entre todos los demás pensamientos y emociones, incluyendo todo el miedo, la duda y la preocupación enterrados en tu mente subconsciente. Piénsalo: cuando te enamoras de una persona, los pensamientos relacionados con esa persona dominan todo lo demás. El amor es como una droga que altera tu capacidad de participar del pensamiento lógico, de enfocarte en otra cosa que no sea el objeto de tu deseo o tener conversaciones interesantes. «Ya lo sé, hay muchas moscas en este restaurante. Bob, el chico del que estoy enamorada, tuvo una vez una mosca en su casa».

Lo mismo se aplica cuando te enamoras de las razones específicas por las que deseas ser rico. Cualquier mecanismo de defensa —cortesía de tus creencias subconscientes limitantes— que podría tratar de mantenerte en el lugar en el que te encuentras no será un contendiente para tu deseo ardiente de grandeza. Cualquier miedo y creencia de que vas a convertirte en un traidor o en un cabeza hueca codicioso como tu horrible tía Sally, será acallado por las arpas y el gorjeo de pájaros azules que ocupan un espacio en tu cabeza y tu corazón. Nos enamoramos de cosas y personas muy específicas, así que tener profundamente claros los detalles de tu riqueza inminente resulta fundamental.

ALÍNEATE CON TU YO MÁS VERDADERO

Después de que las cabras destruyeron y saquearon mi casa, me tomó varios días regresar a la normalidad. También terminé gastando mil dólares para reemplazar el toldo de mi Audi (nuevecito, muchas gracias) después de que quitaron la madera contrachapada y bailaron encima de él. No obstante, no pude enojarme con ellas. No solo eran ridículamente lindas, sino que eran cabras.

Está en su naturaleza destruir, saltar sobre las cosas, despertar en la mañana y pensar: *¿qué me voy a echar el día de hoy?* Sería como enojarme con mi perro por ladrarle a los cuervos o enojarme con mi nonagenario padre italiano por rehusarse a comer otra cosa que no sea comida italiana. Jamás. Noventa años de pasta ininterrumpida. Simplemente están siendo fieles a quienes son.

Todas las cosas vivas vienen programadas con ciertos rasgos y características que forman parte de su naturaleza. Esto significa que estas cosas vienen a nosotros de forma natural, son lo que se supone debemos hacer y son la forma en la que la Inteligencia Universal fluye mejor a través de nosotros. Las aves están destinadas a volar, los peces están destinados a nadar, el chico que está parado junto a mí en la cafetería en este momento está destinado a comerse su granola con los dedos. Cuando nos rebelamos ante quienes somos por naturaleza, sentimos estrés, las cosas no avanzan fácilmente, nos castigamos por obtener resultados desastrosos y todo es un esfuerzo. Es por eso que escuchar lo que alguien más piensa que deberías estar haciendo (incluyendo a tu yo asustado) resulta tan mortífero. Terminas tratando de forzarte a seguir un camino en la vida, lo cual puede hacer que aplastar tu trasero detrás de un escritorio todo el día resulte absolutamente agotador si no es eso lo que quieres hacer. Por el contrario, cuando escuchas a tu corazón y te conectas con quien estás destinado a convertirte, tienes energía porque te encuentras en un estado de flujo, las cosas ocurren con mayor facilidad, las oportunidades caen a tus pies, te sientes emocionado, inspirado, envuelto en un mar de ideas brillantes. Sí, habrá desafíos y cosas que te estallarán en la cara, pero las experiencias de aprendizaje son algo muy distinto a desperdiciar tu vida empujando una piedra cuesta arriba por la ladera de una montaña.

Presta atención a las cosas a las que te sientes atraído, a las cosas en las que eres bueno, a las cosas en las que te pierdes, a las cosas que te hacen levantarte y decir: «¡mi pie! ¡No puedo sentir mi pie!» porque has estado sentado en la misma posición durante horas, totalmente absorto.

Permite que tu corazón te dirija en lugar de abrirte paso por una gruesa neblina de «deberías». Muy a menudo no damos crédito a las cosas que vienen a nosotros de forma natural porque hemos comprado la idea de que el éxito necesita ser difícil o que si algo viene fácilmente a nosotros así debe ser para todos, y, por tanto, no vale la pena ir tras ello con seriedad.

Tengo un amigo que trabajó muy duro durante varios años en un empleo que detestaba como ejecutivo de publicidad. Es un viejo amigo que, entre otras cosas, es un artista brillante, tan gracioso que hace que te hagas pipí en los pantalones, y la principal razón por la que todas mis fiestas en aquel tiempo eran tan increíblemente divertidas. Solía hacer cosas como esperar en la puerta de entrada y anunciar a cada nueva persona que llegaba con un megáfono que hacía con un rollo de papel higiénico: «les presento a Catherine Atkinson, que alguna vez fue vecina de Jen Atkinsons. Por favor háganla sentir bienvenida elogiando su magnífica postura». Solía organizar concursos de talento, sesiones improvisadas de música y pedía a los invitados que estuvieran dispuestos a hacerlo que se sentaran como sus modelos mientras él pintaba su retrato en galletas saladas con queso untable.

No era de sorprender que constantemente recibiera peticiones para ayudar a organizar todo tipo de cosas, desde bar mitzvot hasta noches de tributo a bandas de rock, y aunque disfrutaba el trabajo y lo hacía bien, al mismo tiempo, era, ya sabes, trabajo. Sin embargo, creía que no podía cobrar por este tipo de cosas. En primer lugar, se divertía haciéndolo, lo cual, por alguna razón, significaba que no podía recibir un pago por ello. En segundo lugar, se sentía raro al pedir dinero a sus amigos. Y, por último, sentía que cualquiera podía convocar a personas a un evento y hacer bromas en el escenario. ¿Qué valor aportaba? Por años básicamente tuvo dos empleos: uno por el que le pagaban y el cual odiaba, y otro que amaba y que hacía que se le formaran unas ojeras tan grandes que parecían los ojos de un panda. Luego, un fatídico día, vio a un maestro de ceremonias profesional en un evento corporativo de publicidad al que tuvo que asistir por cuestiones de trabajo. Al tipo no solo le pagaban mucho, sino que no era para nada gracioso, carismático o adorado por las multitudes como mi amigo.

Me complace informar que este tipo era tan, pero tan malo, y que hizo enojar tanto a mi amigo, que finalmente soltó su apego a los «no puedo», «no debo» y «no debería» y comenzó a cobrar por sus magníficos servicios como maestro de ceremonias. También pidió a todas las personas para las que trabajaba que corrieran la voz sobre su nueva profesión y actualmente es un maestro de ceremonias profesional sumamente solicitado. Gracias a que tuvo la audacia de seguir a su corazón en lugar de a sus miedos, pudo renunciar a aquel trabajo odioso y ahora pasa su valioso tiempo en la Tierra cobrando por ser el alma de la fiesta.

....

Tu corazón es el músculo más poderoso de tu cuerpo.
Haz lo que te diga que hagas.

....

APUESTA POR EL «Y»

Al tiempo que recibes los dictados de tu corazón y aclaras tus porqués, asegúrate de no caer presa del mortífero síndrome del «esto o lo otro». Esta es la cuestión: Vivimos en una sociedad basada en el miedo que se la pasa alertándonos, recordándonos lo dura que es la vida, advirtiéndonos lo difícil que es ganar dinero, pero conteniéndonos, no sea que nos llevemos a la boca más de lo que podamos masticar, gritándonos «¡cuidado!», en lugar de «¡vamos!». Como resultado, hemos aceptado la idea de que es mejor limitarnos que estirarnos; hemos desarrollado esta nada divertida postura de «esto o lo otro» en relación con lo que está disponible para nosotros: o haces lo que amas hacer o ganas dinero; eres una buena persona o eres una persona rica; puedes ayudar al mundo o ayudarte a ti mismo; puedes irte de vacaciones o pagar la mensualidad de tu auto.

A.B.U.R.R.I.D.O.

En lugar de buscar dónde puedes hacer recortes, ahorrar e ir a lo seguro, busca cómo puedes expandirte, crecer y comenzar a actuar como todo un chingón que tiene el control de su propia vida:

Tener una maravillosa carrera Y ser una magnífica mamá.

Ser un buen cristiano Y hacer toneladas de dinero.

Viajar por el mundo Y dirigir tu propio negocio.

Estar en tu peso ideal Y comer alitas de pollo.

Comprar un tiempo compartido Y ahorrar para tu vejez.

Cuando te tomes el tiempo de imaginar tu vida como la expresión más grande, más valiente y más auténtica de ti, no seas tacaño a la hora de hacer el inventario de lo que da alegría a tu corazón. Actúa como si vivieras en un Universo abundante (que así es), y como si tuvieras la capacidad de crear cualquier realidad financiera que desees (que sí puedes hacerlo), y que, al hacerlo, estarías compartiendo la versión más grandiosa de ti con el mundo (lo cual harás).

DE PAR EN PAR

Ya sé que he pasado varias páginas hablando como perico sobre la importancia de los detalles, pero también debes estar abierto a permitir que la Inteligencia Universal te entregue lo que necesitas, y la cosa, persona u oportunidad que hace que tu corazón cante puede tener una forma distinta a la que estabas pensando. Una vez más, debemos confiar en que el Universo sabe más que nosotros, y si te aferras a cosas como: «me veo haciendo 12 500 dólares vendiendo tres autos extra en mi concesionaria este mes», bloquearás la misma riqueza que el Universo está tratando de entregarte a través de que una compañía cinematográfica rente tu sala de exhibición para utilizarla en una película. Tu trabajo consiste en visualizar tu vida con todos los detalles que puedas reunir de modo que puedas emocionarte y entusiasmarte y emprender acciones inspiradas. Luego le entregas el resto al Universo. Esto, que también se conoce como «entregarte», es un factor clave en el manejo consciente de tu energía para crear una realidad fabulosa para ti.

NOTA IMPORTANTE SI ESTÁS EN EL BANDO DEL «NO SÉ»: Si piensas algo como: *no tengo la más mínima idea de qué es lo que mi corazón desea o qué quiero hacer con mi vida excepto que ya no quiero comprar mi comida en las tiendas de dólar*, estas son algunas cosas que puedes hacer en este momento:

1. Actúa conforme a lo que sí sabes. Si hay algunas cosas de las que estás seguro, que sientes que son absolutamente apropiadas, enfócate en ellas en lugar de esperar hasta tener resuelto el panorama completo. Por ejemplo, si sabes que quieres tener la libertad de trabajar para ti, te encanta dibujar, eres la persona más feliz del mundo cuando estás rodeado de animales y quieres ayudar a las personas, comienza con estos elementos y actúa conforme a ellos. Podrías ser voluntario en un albergue local para animales y ver a quién conoces y a dónde lleva eso. O comienza un negocio haciendo dibujos de las mascotas de las personas. O apoya a alguien que ayuda a las personas a superar sus traumas trabajando con caballos. Una vez que empieces a actuar podrás descubrir más cosas que te gustan, más cosas que no te gustan y comenzará a formarse un panorama más claro de lo que deseas hacer. Tomar cartas en el asunto lleva a respuestas, y darle vueltas y vueltas a las ideas en tu cabeza por siempre lleva a la indecisión y al mal humor.

2. Deja de decir que no tienes ni idea de qué hacer con tu vida (tú creas aquello en lo que te enfocas más) y habla sobre lo emocionado que te sientes de estar descubriéndolo.

3. Asegúrate de no fingir que no sabes qué hacer cuando en realidad sí lo sabes, pero tienes miedo. *No sé* es distinto a *no puedo*

hacer dinero haciendo lo que me gusta; soy demasiado viejo, las personas pensarán que soy una cabeza hueca ególatra por querer ser modelo, etcétera. Arremángate, estudia a quienes han ido delante de ti, decide que no estás dispuesto a vivir tu única vida tratando a tus sueños como si no fueran tan importantes como tus miedos; exígete resolver el asunto y haz que ocurra. Después de todo, hemos descubierto cómo viajar al espacio y cómo hacer mermelada a partir de un cactus; puedes descubrir cómo prosperar haciendo lo que amas hacer. No desperdicies tus preciosos dones y tu preciada vida hundiéndote en la duda.

Nadie puede desear por ti alcanzar la grandeza. Tienes que tomar en serio —como si se tratara de un ataque al corazón— el hecho de crear una vida maravillosa para salir de tu zona de confort y hacer que ocurra. Has movido montañas con anterioridad, sé que lo has hecho, y es porque en verdad, en verdad deseabas ser, hacer y tener sea lo que fuere que hubieras deseado. Tal vez invitaste a salir a alguien que estaba completamente «fuera de tu alcance», enfrentaste tu miedo a hablar en público, iniciaste tu propio negocio, obtuviste un trabajo para el cual no estabas «calificado», criaste hijos o te mudaste al otro extremo del país con tan solo cinco dólares en el bolsillo, un termo lleno de chocolate caliente y un sueño. Cuando tu deseo es lo suficientemente fuerte nada te detiene. Así pues, ¿qué tanto deseas tener todas las riquezas que se requieren para tener la vida que puedes vivir? Tómate unos momentos para platicar con tu corazón, para tener en claro tu todopoderoso porqué y hazle saber a tus miedos que no mandan sobre ti.

HISTORIA DE ÉXITO: SI ELLA PUEDE HACERLO, TU TAMBIÉN.

Esta es la increíble historia de una de mis clientas, Anita, de 32 años, quien fue muy específica en todos los detalles, confió en la Inteligencia Universal y puso más fe en su Porqué que en su «¿Estás bromeando?» y manifestó 75 000 dólares:

Estaba pensando hacia dónde quería dirigir mi vida después y asumí que lo que necesitaba hacer era renunciar a mi trabajo y comenzar un nuevo y emocionante capítulo. Había sido algo en lo que había estado pensando durante mucho tiempo. Sin embargo, cada vez que me enfocaba en esa meta, había algo que no cuadraba. Finalmente, me di cuenta de que para estar verdaderamente lista para renunciar a mi trabajo, necesitaba saldar algunas deudas familiares clave. Nuestra hipoteca estaba pagada casi en su totalidad y mi préstamo automotriz no ascendía a una cantidad tan grande, así que pensé que si tan solo pagaba esas dos deudas me sentiría bien con renunciar a mi empleo, especialmente porque yo era la principal proveedora de la familia. La suma de estas deudas era de alrededor de 75 000 dólares. Muy bien, ¡ahora tengo la meta de encontrar 75 000 dólares! ¿Cómo diablos voy a encontrar 75 000 dólares?

Pensé: ¡esto es una locura! ¿Qué me da derecho a esperar que esto sea posible siquiera? *No voy a encontrar una montaña de dinero tirada por ahí, y tampoco voy a poder tener un segundo empleo o vender algo que me pueda dar esa cantidad.* Comencé a sentirme un tanto estúpida (y, quizá, no digna) en relación con mi meta. Me sentía atorada.

Más o menos después de una semana de quejarme al respecto, le puse un alto al asunto del miedo y comencé a enfocarme en el número 75. Meditaba en el número 75, escribía el número 75 por todas partes en mi diario, CREÍA que algo aparecería… y luego… nada ocurrió. *¡Diablos!* Una noche, me acosté en la cama y pensé que debía haber algo que yo no estaba viendo. Debía haber algún lugar en el que no había buscado el dinero. Me recordé a mí misma que todo lo que deseaba ya estaba aquí, en alguna parte.

Y, luego, recordé que allá por 1999 había recibido como regalo unas acciones para participar en una junta directiva en una empresa tecnológica emergente. Mmmhh, ahora que la compañía había salido al público me preguntaba cuánto valían. La información de las acciones estaba enterrada en algún lugar en los archivos de la oficina de nuestra casa y, milagrosamente, a la mañana siguiente encontré fácilmente el fólder. Investigué un poco para saber a quién contactar en relación con las acciones. Llamé al número telefónico de la empresa gestora para conocer el valor y averiguar cómo venderles las acciones. No tenía idea de si valían algo, pero tenía que probar. El administrador de fondos se portó increíblemente servicial y me guio por el proceso de vender las acciones. Le pregunté cuál sería el valor ya que era un regalo que inicialmente había estado valuado en alrededor de 200 dólares.

¡Y adivinen cuánto valían ahora!

¿Están listos para escuchar esto?

Sip, 75 000 dólares. ¡Tómala, barbón!

Casi se me cayó el teléfono de las manos cuando me lo dijo. Todavía estoy impactada y también extremadamente emocionada. Disculpen la expresión pero ¡ESTA PORQUERÍA FUNCIONA!

¡¡¡¡No te des por vencido con tus sueños!!!!

PARA SER RICO

Mantra de dinero sugerido (dilo, escríbelo, siéntelo, hazlo tuyo):
Amo el dinero porque amo vivir una vida increíble.

1. Escribe una historia de fantasía de «un día en la vida de». ¿Cómo sería un día normal en tu vida como la versión más rica, feliz y exitosa de ti? Podemos hablar todo el día sobre lo que no queremos, pero tener muy claro lo que quieres normalmente requiere un poco más de esfuerzo, sobre todo porque estás buscando cambiar radicalmente tu vida: nunca has experimentado ni tenido muchas de las cosas que estás buscando, así que ¿cómo diantres vas a saberlo? Esa es la razón por la que es tan importante que cuando lo escribas venga más de la emoción que de tu cerebro analítico. Date tu tiempo cuando lo escribas, hazlo como una lluvia de ideas y ve qué es lo que surge. Escríbelo en tiempo presente, como si el dinero no fuera un problema; piensa lo que sería divertido, no solo razonable, lo que te emocionaría más dar a cambio o dejar como un legado, sin ponerte límites.

2. Una vez que hayas escrito tu «un día en la vida de», escribe las cinco emociones más intensas que tuviste mientras lo leías.

3. Saca las cuentas de cuánto costaría «un día en la vida de» y pon en el papel cuánto va a costar esta vida para ti.

4. Resume tu «un día en la vida de» tomando los detalles más emocionantes y combinándolos con el costo y los sentimientos que producen de modo que puedas crear un mantra. No te preocupes porque todo encaje; simplemente toma las partes que te resulten más atractivas. Luego escribe un mantra de cinco a diez enunciados, algo así como: *me encanta ganar 300 000 dólares al año como diseñadora de interiores. Es súper emocionante trabajar con clientes que son inteligentes y me aprecian, viajar por el mundo y descubrir nuevas formas de ser creativa.*

Me hace sentir feliz y llena de energía, como si mi corazón fuera a estallar. Agradezco mucho que esto me dé la oportunidad de vivir junto a la playa en San Diego con mi alma gemela y que vayamos a surfear todos los días...

5. Lee tu mantra todas las noches antes de irte a dormir y siéeeeeentelo.

6. Si no estás seguro de qué quieres hacer, haz una lista de las cosas que sí sabes, sé tan específico como te sea posible y escribe cinco acciones que vas a realizar en este momento para avanzar en esa dirección.

Por favor, llena el espacio en blanco:
Estoy agradecido(a) con el dinero porque _____
_____.

CAPÍTULO 6

TU FÁBRICA MENTAL DE DINERO

Hay una fantástica historia que el actor Jim Carrey contó en el *Show de Oprah Winfrey* sobre su poder para manifestar diez millones de dólares y una carrera exitosa como actor. Siempre supo que quería divertir a las personas, descubrió a edad temprana que tenía un rostro hecho de boligoma y tuvo su primera actuación en un club de comedia a los quince años. Después de una serie de altibajos que incluyeron dejar la preparatoria para ayudar con los gastos de su familia trabajando en una fábrica durante el día y luego recibiendo aplausos —y abucheos— en los clubes de comedia por la noche, Carrey terminó en bancarrota y viviendo en una camioneta con su ya mencionada familia. Con el tiempo se mudó a Los Ángeles para ir tras su sueño de convertirse en un actor famoso de verdad. Dijo que, aunque estaba quebrado y sin trabajo, solía imaginar que los directores se interesaban en él; visualizaba a las personas a las que admiraba viniendo a decirle que les gustaba su trabajo; solía enfocarse en pensar cosas como: *soy un actor increíble, y la gente poderosa de la industria está esperándome,* y eso lo hacía sentir mejor aunque no estaba precisamente rodeado por multitudes de admiradores en el supermercado ni nada por el estilo.

También se escribió un cheque a sí mismo por diez millones de dólares, lo posfechó tres años y escribió en la chequera que era por concepto de los servicios de actuación brindados. Llevó esta cosa rara en su cartera por años mientras que obtuvo más actuaciones de comedia, en televisión y en películas, ninguna de las cuales hizo que su carrera o sus finanzas despegaran de la forma en la que él esperaba que lo hicieran. Sin embargo, de cualquier modo siguió creyendo, visualizándose utilizando su riqueza para cuidar de su familia y alimentando su sentimiento de éxito; siguió trabajando como loco y, para no hacer el cuento largo, justo antes de la fecha que había escrito en el cheque que estaba en su billetera, le dieron el papel en la película *Una pareja de idiotas* y le pagaron diez millones de dólares por los servicios de actuación brindados.

Todos tenemos la opción de pensar lo que queremos pensar y de asumir la responsabilidad de que nuestros pensamientos creen nuestra realidad financiera. La Inteligencia Universal es como un oído gigante recargado en un cristal que está en contacto con tu mente y escucha tus pensamientos —también conocidos como órdenes de trabajo— de modo que pueda ponerse a trabajar y ayudarte a crear aquello en lo que pongas tu mente.

....

Si está en tu mente, pronto estará tu mano.

....

Me encanta esta historia de Jim Carrey porque ilustra lo que se requiere para dominar la mentalidad de la riqueza:

- Ten muy claro lo que deseas; sé específico: ¿cuál es tu propósito? ¿Cuánto dinero deseas ganar manifestando este propósito? ¿Para qué fecha ganarás este dinero? ¿Por qué lo deseas? ¿En qué lo vas a usar?
- Mantén la visión de esta realidad en tu mente con una determinación inteligente y un sentido implacable de propósito para volverla realidad.

- Enamórate tanto de tu visión que ninguna creencia subconsciente limitante que pretenda hacerte perder el control o intente detenerte compita con ella.
- Ten una fe tan firme como las nalgas de un bombero y un enorme sentimiento de gratitud porque ya es tuyo, aun si parece que te tomará toda la vida lograrlo. Jamás pierdas la fe. Jamás.
- Actúa con una fe y un propósito absolutos.

La historia de Carrey también nos habla de una de las objeciones más comunes que escucho cuando discutimos el papel de tu mentalidad a la hora de hacer dinero, que es: *¿qué pasa si tu realidad financiera depende de las acciones de otras personas? ¿Cómo pueden tus pensamientos controlar lo que otras personas hacen?* Escucho esto muy a menudo de personas que dependen de que otras los contraten, como actores, ejecutivos, plomeros, meseros, niñeras, jardineros, etcétera, así como de personas que tienen negocios multinivel que dependen de que las personas en su línea generen el dinero a partir del cual puedan obtener un porcentaje. Si lo piensas, todas las personas dependen de que otras compren sus productos y servicios, fortalezcan sus inversiones, paguen la entrada a sus presentaciones o les dejen unas monedas por una taza de café. El dinero viene a nosotros procedente de la Inteligencia Universal a través de otras personas, así que nadie tiene por qué utilizar el viejo dicho de *Yo no puedo controlar a otras personas* como una excusa para permanecer en la quiebra.

Mi primera experiencia con el poder de dominar tu mentalidad fue tan inesperada, y, me atrevo a decir, tan mágica como el cheque de diez millones de dólares de Jim Carrey. Ocurrió mientras trabajaba con mi primer *coach* privado, el que me ayudó a iniciar mi negocio en línea donde ayudaba a los escritores a redondear sus propuestas de libros, llamado writeyourdamnbook.com, y quien también estaba ayudándome a hacer mis pininos como *coach* de vida. En aquel momento, yo había trabajado con algunos clientes privados de *coaching* por aquí y por allá, y, en esencia, había triplicado mi ingreso anual con writeyourdamnbook.com. Triplicar mi ingreso fue increíblemente emocionante, pero no me iba a permitir viajar pronto en primera clase, considerando que las personas que trabajaban en la ventanilla de comida para llevar de McDonald's ganaban más que yo. Yo quería ganar la suma de dinero que me hiciera sentir una persona diferente. Quería sentirme grande y a cargo, poder hacer lo que fuera que decidiera hacer; ser libre, volar y ya no andar perdiendo el tiempo.

Mi *coach* me pidió que mencionara una cantidad que —si bien me haría trabajar como loca sin parar— pudiera ganar en una semana con writeyourdamnbook.com. Me dijo que no lo pensara, que no sacara cuentas, que no me pusiera a adivinar lo que otras personas cobraban, sino que simplemente permitiera que surgiera la cantidad de forma intuitiva. La cifra que surgió en mi cabeza fue 5 000 dólares en una semana. Hasta ese momento, lo máximo que había ganado en una semana era, probablemente, 1 000 o 2 000 dólares. Era algo aterrador, pero estaba emocionada y, me atrevo decir, me sentía un tanto confiada en cuanto a mi capacidad de hacer que ocurriera.

—Magnífico —dijo—. Ahora duplícala.

Una vez que llevé a cabo los cálculos, creamos un plan de acción. Yo trabajaría de forma individual con tres personas y les ayudaría a escribir su propuesta de libro y le cobraría 3 000 dólares a cada una. También vendería uno de mis ya existentes programas colectivos de *coaching* por 1 000 dólares, lo cual daría un total de 10 000 dólares para esa semana. No tenía idea de cómo iba a convencer a tres personas de que gastaran esa cantidad de dinero por el simple placer de trabajar conmigo. Todo lo que sabía era que iba a ganar esos 10 000 porque oficialmente no estaba dispuesta a tener ningún otro resultado.

Posteriormente llevamos a cabo el trabajo energético, y tuve claras cosas como:

¿Por qué quiero tener el dinero? *Para sentir que estoy a cargo de mi vida y para sentirme libre; que no estoy a merced del dinero.*
¿Para qué voy a utilizar el dinero? *Para pagar el saldo deudor de mi tarjeta de crédito que asciende a 10 000 dólares. Detesto*

tener deudas en tarjetas de crédito; las deudas de tarjetas de crédito son algo absolutamente espantoso.

¿Qué voy a hacer para ganar el dinero? Vender tres paquetes privados de asesoría relacionada con propuestas de libros y un lugar en mi programa de coaching, además de permanecer abierta a cualquier sugerencia que me envíe el Universo Todopoderoso.

¿Para qué fecha voy a tenerlo? Esta pregunta era algo rara porque yo sabía que para sacar adelante este proyecto tenía que abordarlo como si se tratara de una situación de vida o muerte. Sabía que tenía que estar tan absolutamente enfocada en ganar esos 10 000 dólares que podías arrojarme piedras, cortarme la energía eléctrica y dejar un gorila suelto en mi sala y yo no me desviaría de mi camino hasta obtener la victoria. No sabía durante cuánto tiempo podría sostener semejante barbaridad, así que aunque mi coach dijera que tenía una semana entera para ganar el dinero, yo decidí que lo ganaría en dos días.

Así pues, me encontraba al teléfono con mi *coach* y estábamos descifrando todo esto, y yo estaba toda nerviosa y espantada y lista para hacer que el dinero se postrara a mis pies y, de repente, surgió de la nada una idea en mi mente. Había un hombre con el que había trabajado un año atrás y que, de hecho, había sido mi primer cliente individual de *coaching* de vida. No había sabido nada de él al menos en un año, pero quizá podía ponerme en contacto con él para ver si quería que trabajáramos juntos de nuevo. Él no era escritor, pero tal vez querría recibir algo de *coaching* de vida. Casi tan pronto como la idea surgió en mi mente cayó un correo electrónico en mi bandeja de entrada. De *él. No había tenido ni una sola noticia suya en más de un año y en el momento en el que pienso en él, aparece en mi bandeja de entrada.* Todavía no se me quita la carne de gallina que eso me provocó. En su correo electrónico él decía que quería que volviéramos a trabajar juntos, me preguntaba qué clase de paquetes de *coaching* de vida tenía y cuánto costaban.

Para no hacer el cuento largo, le vendí un paquete individual de coaching de vida de seis meses por 12 000 dólares y al día siguiente terminé vendiéndole uno de mis paquetes de coaching de 3 000 dólares a un escritor, lo cual significó que hice 15 000 dólares en 48 horas, lo cual, en ese momento, para mí significó haber hecho un millón de dólares en ocho minutos.

Hay un par de cosas que me gustaría señalar en relación con esta historia. Una es que el dinero vino a mí a través de una persona distinta y en una forma distinta a como yo lo había pensado. Parte de trabajar con la Inteligencia Universal es hacer todo lo que sabes hacer pero permanecer abierto a ideas y oportunidades que «surgen de la nada». Tu trabajo consiste en alinear tu energía, ser absolutamente serio en tu postura de atraer este dinero y llevar a cabo todas las acciones que sabes hacer. El trabajo de la Inteligencia Universal consiste en atraer lo que deseas hacia ti en la forma en la que consideres apropiada.

Otra cosa que quiero señalar es el cambio de mentalidad que tuve que hacer para poder cobrarle a mi cliente 12 000 malditos dólares. Adoraba a este hombre; había tenido una experiencia maravillosa trabajando con él con anterioridad, y en verdad quería ayudarlo. La última vez que trabajé con él yo cobraba algo así como 25 dólares la hora por mis servicios de *coaching*. Mi paquete de *coaching* de 12 000 dólares me colocó en 300 dólares la hora. Mínimo. Enviarle un correo electrónico con esa cantidad fue una de las cosas más aterradoras que he hecho en mi vida, porque una parte de mí, la parte que estaba en proceso de quitarse la vieja piel, sentía que estaba siendo una mala persona, ¿quién diablos creía que era para cobrar esa cantidad? Esta parte de mí sentía que si me escribía de vuelta y me mandaba al demonio, yo lo respetaría. Sin embargo, la parte de mí que estaba lista para jugar a lo grande, que tuvo la audacia de pensar que podía hacer 10 000 dólares en 48 horas y hacer cualquier cosa que estuviera decidida a hacer, esa parte entendía la energía distinta que se encontraba detrás de cobrar 300 dólares la hora frente a 25 dólares la hora; esa parte de mi sentía que mi precio era adecuado. Para ese entonces, había estado haciendo *coaching* y estudiando *coaching* durante varios años; sabía que era buena en ello, y cobrar esa cantidad de dinero, por aterrador que fuera, era también absolutamente emocionante, empoderante y, a nivel energético, sentía que ese era el lugar donde me correspondía estar. Sabía que actuaría como la mejor *coach* que me fuera posible ser, y cuando me escribió de vuelta de inmediato y me dijo que lo inscribiera, me di cuenta que él estaba listo para estirarse y jugar también a ese nivel elevado.

Al tener en claro cuál era mi meta y al alinearme con el dinero a esa frecuencia elevada, le di la oportunidad de participar también en el nivel en el que yo me encontraba. Y voy a decirte que fue una cantidad de dinero tan grande para ambos que también para ambos fue algo de lo más chingón, tanto que todavía lo siento. Me convertí en una Súper *Coach* y él cerró un trato multimillonario en los siguientes meses.

Aunque es cierto que no puedes controlar a otras personas (excepto a través de la coacción física y la manipulación si eres así de patético, por supuesto), sí puedes controlar tus pensamientos y tus acciones, y en eso es en lo que necesitas enfocarte para cambiar tu realidad financiera. Las personas que se culpan y se quejan —¿se culpiquejan?— permanecen atoradas. «La economía se está yendo por el caño en este momento, y, por supuesto, ¡mi nuevo negocio de partes eléctricas se está desplomando! ¿Cómo carajos se supone que mis pensamientos van a controlar eso?» En lugar de elevar su mentalidad y exigirse a sí mismos y al Universo que las cosas comiencen a cambiar, insisten en que todo está fuera de su control. Entregan todo su poder a las circunstancias en lugar de asumir la responsabilidad y cambiar su vida por sí mismos. Y hay personas como Jim Carrey —estacionado en Mulholland Drive, viendo desde un mirador la ciudad de Los Ángeles, con ningún prospecto a la vista, desbordado de fe y gratitud porque es rico y famoso mientras está ahí sentado— que están comiendo frijoles de una lata con una cuchara de plástico en su auto destartalado.

Puedes tener excusas o tener éxito. No puedes tener ambos. Cualquiera que sea el resultado para el cual entrenes tu mente, dicta la realidad que verás delante de ti. Algunas personas tienen problemas y obstáculos a vencer mucho más grandes que otras, pero a todos se nos da la misma opción en cuanto a cómo percibir nuestra realidad. Hay personas que crecen en pobreza extrema, prácticamente sin educación, sin posibilidades o sin apoyo y que creen que, de cualquier forma, pueden crear riquezas. Enfocan su atención y sus acciones en hacerse ricos en lugar de enfocarse en los aspectos negativos de sus circunstancias, y van y hacen millones, incluso, miles de millones de dólares. También hay personas que nacen ricas, que reciben una buena educación en las mejores escuelas, que tienen conexiones increíbles, un magnífico vocabulario y fundas de almohada con monogramas, y que terminan viviendo en las calles. El éxito no tiene que ver con tus circunstancias, sino con quién eres. Las personas se han hecho ricas haciendo y vendiendo todo tipo de cosas y las personas también se han ido a la quiebra haciendo y vendiendo las mismas cosas, exactamente de la misma manera.

TU ACTITUD TIENE EN SUS MANOS EL TIMÓN

A continuación te presento algunas formas infalibles para aprovechar el increíble poder del pensamiento para ser tan rico como desees ser:

CONCENTRACIÓN

Aquello en lo que te concentras es lo que más creas. Se trata de un concepto muy sencillo, pero se repite una y otra vez, y yo voy a repetirlo una y otra vez, porque es algo muy poderoso e inmediatamente es echado por la borda porque estamos muy apegados a «la forma como son las cosas». No queremos creer que las cosas puedan ser así de sencillas, abandonar nuestro derecho a sentir lástima hacia nosotros mismos, renunciar a la comodidad que nos da saber una cosa o dos con base en nuestras experiencias del pasado y asumir la responsabilidad de nuestra vida en lugar de pensar: *con trabajo puedo darme el lujo de comprar una bolsa de Fritos, así que ¿cómo contrato a alguien para que diseñe y ponga en operación mi sitio web?*

Mientras tanto, utilizamos nuestro enorme poder de concentración todo el tiempo y ni siquiera nos damos cuenta de ello: lo utilizamos para crear infelicidad en nuestra vida a través de las preocupación de nuestros queridos amigos.

....

Preocuparte es orar por algo que no quieres
que suceda.

....

Como te enfocas en el peor escenario posible y en todas las razones por las que no puedes tener lo que quieres, y como existen un montón de emociones y detalles y fe involucrados, creas más de lo que no quieres una y otra vez con una precisión digna de un experto. Sin embargo, las buenas noticias son que, si eres una de esas personas particularmente hábiles para preocuparse, esto significa que tu músculo de la concentración está en excelente forma, y todo lo que tienes que hacer es elegir enfocarte en una dirección diferente.

Digamos, por ejemplo, que tienes una deuda de 20 000 dólares, doce hijos a los cuales mantener, odias tu trabajo y apenas tienes para vivir. Elegir enfocarte en estos aspectos de tu realidad y volverte loco por ellos provocará lo siguiente:

- Te anclará en la creencia de que tu vida en verdad es terrible.
- Disparará pensamientos de cuán desesperanzadora es tu situación.
- Activará emociones de terror, tristeza y fracaso.
- Te inspirará a ponerte en posición fetal.

Ahora bien, si yo fuera tú tomaría la decisión consciente de cambiar ese enfoque y ver la misma situación bajo una nueva luz, por ejemplo:

Cuando necesité 20 000 dólares ahí estuvieron para mí, lo cual significa que si necesito dinero otra vez, volverá a estar ahí para mí; me siento muy agradecida de que mi trabajo me dé dinero y creo que como ya conseguí trabajo una vez, puedo conseguir un trabajo todavía mejor, porque claramente soy bastante contratable, estoy rodeada de amor y de mi familia y tengo dónde vivir. ¡¿No es fantástico?!

Esta nueva perspectiva te permite:

- Anclarte en la creencia de que tienes cosas por las cuales estar agradecido.
- Desencadenar pensamientos sobre lo bendecido que eres.
- Activar emociones de alegría, esperanza y entusiasmo.
- Inspirarte a salir y hacer que ocurran más cosas maravillosas.

Cambiar tu atención hacia el lado positivo de lo que tienes y hacia lo que deseas cambia tu actitud y eleva tu frecuencia de modo que puedas alinear tu energía y abrirte a todo lo que necesitas para cambiar tu vida: las oportunidades de generar dinero que no notaste antes, las personas a las que puedes ayudar, las personas que pueden ayudarte y la capacidad de visualizar una vida más completa para ti. También envía pensamientos de lo que deseas, no de lo que temes, a la Inteligencia Universal de modo que pueda comenzar a traerlo hacia ti.

He aquí otro aspecto importante de la concentración:

....

Es imposible enfocarte en una cosa y ver otra.

....

Y esa es la razón por la que, cuando quedas atrapado en la preocupación, no solo sigues creando más de ella, sino que, literalmente, no puedes ver las demás posibilidades que te rodean.

Por ejemplo, en una ocasión tenía un antojo enorme de un sándwich de atún, fui a la despensa para tomar una lata y mi antojo se vino abajo cuando me di cuenta de que no tenía atún. La pequeña lata de color azul de atún blanco no estaba por ninguna parte (inserta aquí un sonido de trombón triste). Justo antes de salir de la alacena, derrotada, pensé: *SÉ que tengo atún en alguna parte*, así que seguí buscando y de repente, taraaaán, justo frente a mis ojos aparecieron dos latas de atún. El asunto es que las latas de atún eran rojas y no las habituales de color azul (cambié de marca, como podrás darte cuenta) y como estaba buscando latas azules, y no rojas, no las vi.

Comparto contigo este *thriller* de suspenso de la hora del almuerzo porque ilustra cuán a menudo pasamos por alto oportunidades financieras de oro, conexiones que nos pueden cambiar la vida y experiencias conmovedoras que ansiamos porque estamos atrapados en antiguas formas de pensar, creer y, por tanto, de enfocarnos.

....

Cuando te enfocas en tu pasado
te ciegas a tu presente.

....

Tú eres el maestro de tu realidad, y tu percepción se está encargando de manejar los controles.

EMOCIÓN

En lo que se refiere a reforzar la idea de ganar mucho dinero, cualquier pensamiento positivo que elijas y que carezca de emoción resulta débil, inútil y pura palabrería. Si afirmaciones como: *me encanta el dinero, el dinero fluye a mí fácilmente, soy un chingón para hacer dinero*, están profundamente enterrados bajo un fuerte suspiro de: «¡sí, cómo no!», son un enorme desperdicio de tiempo para todos. El simple hecho de pensar algo no hace que lo creas; es solo cuando están involucradas grandes emociones positivas que los pensamientos pueden acceder a sus superpoderes para crear nuevas creencias expansivas, acciones valerosas y, como resultado, emocionantes nuevas realidades en nuestra cuenta bancaria y en otras áreas de nuestra vida.

Como somos seres tanto espirituales como físicos, tenemos un montón de cosas ocurriendo en el reino de lo invisible —pensamientos, creencias, intuición, imaginación, emociones, etcétera— todas las cuales afectan nuestra realidad física aquí en la Tierra. Por ejemplo, cuando estás pasando por un dolor emocional, lloras, tu rostro se tensa y adquiere una apariencia extraña, quizás incluso algunas veces te sientes tan mal que llegas a vomitar. Cuando te sientes emocionado, tu corazón se acelera, el cuerpo te hormiguea y te metes al tráfico, sacas a un extraño de su auto y lo besas por todas partes. Nuestras emociones son las patadas en el trasero motivacionales que ponen en alerta a nuestro cuerpo de que es hora de actuar y hacer que un pensamiento se convierta en una realidad física. Igual que la lámpara de mesa toma la electricidad y la transforma en luz, así nuestro cuerpo toma los pensamientos y los convierte en resultados. Para que esto ocurra, en ambos casos, es necesario activar un interruptor. Las emociones son el interruptor.

Si te encuentras girando en un remolino de descontrol, se debe a la siguiente reacción en cadena: piensas algo que dispara una emoción, la cual, posteriormente, hace que actúes en una forma que te mantiene atrapado en un círculo de resultados frustrantes. Digamos, por ejemplo, que tu queja favorita es «estoy quebrado». Es a lo que recurres cuando te enfrentas con la posibilidad de divertirte o crecer: ¿quieres ir al cine? *No puedo, estoy quebrado.* ¿Quieres salir a cenar con personas emocionantes y exitosas que te inspirarán a más no poder y muy posiblemente cambien tu vida? *No puedo, estoy quebrado.* ¿Quieres comprar una píldora mágica que te hará rico, joven e increíblemente gracioso? *No puedo, estoy quebrado.* En lugar de concentrarte y acceder a tu imaginación, a tu voluntad, a tu músculo de: *¡voy a encontrar una forma de resolverlo porque esto es importante para mí! ¡Vaya que lo es!*, las emociones de desesperanza y desesperación te mantienen en un estado en el que constantemente recreas tu aburrida «realidad»: no puedes superar tu situación actual, has bloqueado tu capacidad de imaginar, has elegido la victimización. Es decir, con ese pensamiento patéticamente inepto de *estoy quebrado* girando y girando en tu cabeza, apenas tienes energía para agacharte y recoger una moneda del suelo y, ya no digamos, dar un salto valiente hacia lo desconocido. Para librarte de tu rutina debes tomar la decisión de pensar algo más y saturarlo de emoción.

....

Los pensamientos, creencias y emociones que no rechazamos conscientemente, los aceptamos inconscientemente.

....

Estar conscientes es la clave que lleva a la libertad. Cuando prestas atención a la forma como estás pensando y sintiéndote —*cuando digo que estoy quebrado eso me hace sentir terrible*—, te empoderas para tomar una mejor decisión, para tener pensamientos que te iluminen como una casa llena de luces en temporada navideña.

La mejor forma de ser tan poderoso como te sea posible consiste en tener muy claro —y estar totalmente apegado a— tu porqué. Emplea el músculo de la imaginación, visualízate en la vida que deseas vivir, siente las emociones que evoca tener este dinero y esta vida. Evoca las emociones asociadas con tu propósito de hacer dinero y aférrate a ellas como un bebé chimpancé.

Como dice James Allen en *Como un hombre piensa*, «El pensamiento que sea alía valientemente con el propósito se convierte en una fuerza creativa».

He aquí algunas otras cosas útiles que debes saber sobre las emociones:

- A las emociones no les gusta compartir su espacio. Si estás harto de tener miedo o de sentirte triste o frustrado, enfoca toda tu energía en crear la emoción opuesta. La compasión echa fuera al odio, y viceversa; la emoción echa fuera al miedo, y viceversa; la fe echa fuera al escepticismo, y viceversa. Me encontraba en el funeral de un amigo de la universidad, sentada en una fila con todos mis antiguos compañeros, y una señora muy mayor se sentó enfrente de nosotros, arrastrando un tanque de oxígeno detrás de ella. Una de mis amigas miró nuestra fila y pronunció la palabra «nitroso» y todos nos soltamos a reír y nuestra tristeza desapareció repentina y temporalmente.

NOTA IMPORTANTE SOBRE LAS EMOCIONES: Somos criaturas emocionales y se supone que debemos experimentar, y no negar, nuestras emociones. Por tanto, no se trata de estar saltando de alegría cada momento de cada día y jamás sentirnos tristes o enojados o atemorizados. Esperar tener únicamente emociones positivas no solo es imposible, sino que muy probablemente te hará sentir un fracasado en lugar de un ser humano normal. Siente lo que tengas que sentir, haz un berrinche, agita tu puño en el aire y maldice el nombre de tu enemigo, tírate bocabajo en la entrada de tu cochera y llora hasta quedarte seco, deja que tus emociones se expresen plenamente y luego... toma la decisión de seguir adelante. Es cuando nos regodeamos en nuestras emociones negativas que les permitimos detenernos. No obstante, experimentarlas es algo saludable y fundamental para liberarlas.

- El amor es el campeón peso completo indiscutible. El amor echa fuera al temor, al odio, a los celos, a la preocupación, a la inseguridad, al enojo, al mal humor; es más fuerte que todos ellos. Si tan solo pasáramos nuestros días enfocándonos en fortalecer nuestros músculos del amor, ¡Dios!, los cambios que veríamos. Sin embargo, tú, mi querido millonario en ciernes, practica visualizar todo en tu mundo —y me refiero a todo— incluso tu fosa séptica, con amor y gratitud y observa a dónde te lleva. Enamórate perdidamente de tu propósito de hacer dinero y serás imparable.

ESTIRA TU IMAGINACIÓN

Uno de los regalos más increíbles que tenemos para ayudarnos en nuestro camino hacia la riqueza es nuestra imaginación. La imaginación es la cocina mental donde preparamos dos tipos de fantasías:

1. El tipo de fantasía donde tomamos los ingredientes y experiencias de nuestro entorno y los moldeamos a nuestro gusto: *me veo viviendo en una casa igualita a la de mis vecinos los Nelson; me veo mostrando a mis hijos lo que es posible creando la vida de mis sueños; me veo invitando unas copas a todos en el Tarro Feliz, etc.*

2. El tipo de fantasía en el que tomamos los ingredientes que se encuentran en el reino del espíritu y les damos vida: la invención de los viajes espaciales, la idea de los primeros rascacielos, la creación del abrelatas eléctrico, etcétera.

La imaginación es increíble porque, para ser validada, no depende de las circunstancias físicas o de nuestros cinco sentidos o de cualquier cosa que nuestros padres nos hayan dicho sobre lo importante que es tener un aliento fresco si quieres tener éxito en la vida. Es a través de nuestra imaginación, y no de nuestra versión actual de la «verdad», que podemos jugar con las infinitas posibilidades que están disponibles para nosotros. Todo puede ocurrir cuando nuestro corazón y nuestra imaginación están al mando.

Estirar tu imaginación resulta fundamental si quieres cambiar radicalmente tu vida, porque nos estamos pidiendo nosotros mismos dibujar nuestra vida de ensueño a partir de las «realidades» en las que actualmente vivimos. *Bueno, tengo 58 años, trabajo en una zapatería y mantengo a mi esposa y mis dos hijos, ¿y me estás diciendo que podría ser dueño del hotel de mis sueños en el Lago Tahoe y enseñar a las personas todo el día a pescar? No hay forma de que vea que eso vaya a ocurrir. Nunca.* No nos atrevemos a pensar demasiado en grande porque parece ridículo; es decir, podemos hablar todo el día de cómo sería fantástico ganar algunos millones de dólares al año, pero disponerse en la práctica a hacer esa cantidad con el firme conocimiento de que está ocurriendo y no detenerse hasta lograrlo es algo totalmente distinto. Se requiere coraje incluso para contemplar la idea, y, ya no digamos, para ir tras ella con la convicción de que va a ocurrir. Cuando algo parece tan grande, tan magnífico, tan fuera del alcance, se requiere que creas que es posible incluso antes de tener alguna prueba de que puedes tener éxito. De hecho, normalmente requiere que ignores toda una vida de pruebas de que probablemente no puedes tener éxito. Es mucho más fácil y más «realista» reducir el sueño a la mínima expresión, aspirar a lo razonable, pedir menos.

....

Las riquezas vienen a quienes creen que cualquier cosa
es posible aun cuando todas las señales apuntan
a que no va a ocurrir.

....

Cuando en aquella época trabajaba como loca, y ganaba alrededor de 30 000 dólares al año, se me ocurrió que después de pasar cuatro décadas intentando —y no logrando— volverme financieramente exitosa por mi cuenta, quizás sería inteligente buscar algo de ayuda. Ahí fue cuando decidí contratar a mi primer *coach*, la persona a la que mencioné al inicio de este capítulo. En aquel momento era escritora independiente, tejía, etcétera, pero también era *coach* de grupos de mujeres emprendedoras y les ayudaba a que su negocio despegara (irónicamente, yo era muy buena para ayudar a otras personas a resolver su vida). Conocí a mi *coach* a través de este grupo empresarial y me cobró 7 000 dólares para trabajar con ella de forma individual. Si eres bueno para las matemáticas, siéntete con la libertad de hacer los cálculos, pero si no, simplemente voy a decir que se trataba de un porcentaje terriblemente grande de mi ingreso anual. También era el doble de lo que pagué por mi auto; costó más que todos mis muebles, mi ropa y mis compras de burritos congelados, y fue más que la cantidad que todavía tenía que pagar por concepto de mis préstamos estudiantiles. En nuestra cultura hay pocas palabras que describan este tipo de conducta: irresponsable. Delirante. Locura total. Porque lo que también hice fue endeudarme todavía más al poner al tope mis tarjetas de crédito, igual que la nueva que milagrosamente solicité y me aprobaron.

....

Si quieres cambiar tu vida debes estar más dispuesto
para lo ridículo que para tu realidad.

....

Para mí, hacer dinero tenía que ver con la libertad y con tener opciones. Sacar mi trasero de las deudas, viajar por el mundo, mudarme a una casa donde pudiera recibir a más de dos personas a la vez eran grandes incentivos, pero lo que en verdad hizo que me subiera las mangas cada mañana fue mi decisión de convertirme en una persona distinta. Quería ser alguien que creara cualquier cosa que me propusiera hacer en lugar de alguien que se conformara con lo que podía obtener. Si se me ocurría hacer un viaje o invertir en una causa o comprarme un sombrero gigante cubierto de pelo y plumas, quería sentir la libertad que acompaña al hecho de saber que puedo hacerlo o tenerlo. Quería tener el control y no estar a merced de las circunstancias de mi vida.

Independientemente de en qué punto te encuentres en este momento, si pasas tiempo en ese espacio imaginario de las grandes posibilidades, deleitándote en los detalles de tu vida de ensueño, donde las riquezas fluyen a ti sin problema, puedes comenzar a encarnar la sensación del éxito y conectarte con el significado que tiene para ti hacer dinero. Cuando te imaginas y te visualizas en el lugar en el que deseas estar, comienzas a emocionarte, comienzas a desarrollar la creencia, la fe y un sentido de propósito absolutamente decidido. Estos sentimientos son clave para que te pongas a hacer lo que se requiere para lograr que tus sueños se manifiesten de forma física. Estos pensamientos también informan a la Inteligencia Universal que no estás perdiendo el tiempo e inician el proceso de poner en tu camino todo lo que necesitas para manifestar tu sueño, incluyendo cosas increíbles como coincidencias, intuiciones y oportunidades que vienen aparentemente de la nada. Tu papel consiste en mantener tu mentalidad fuerte, abierta y lista para recibir. Y para hacer muchas, muchas cosas que jamás has hecho antes.

Especialmente, cosas que te ponen los pelos de punta y te lanzan fuera de tu zona de confort.

....

En lo que se refiere a cambiar tu vida,
si no tienes miedo, estás haciendo algo mal.

....

Cuando decidí que, definitivamente, quería trabajar con esta *coach*, mi deseo de cambiar y de no ser más una víctima de mi desvencijada «realidad» me inspiró a cambiar mi pensamiento de *no tengo esos siete mil dólares para pagarle* a *los voy a tener, maldita sea*. Enfoqué toda mi energía en mi deseo de trabajar con ella y en mi creencia de que ella podía ayudarme a cambiar mi vida. No solo se especializaba en ayudar a las mujeres a hacer dinero, sino que era un vivo ejemplo. En aquel momento, estaba ganando cientos de miles de dólares con su negocio de *coaching*, pero hubo un tiempo en el que estuvo tan quebrada que le habían cortado la luz y una tarde se quedó sin comer pizza porque su tarjeta de crédito ya no tenía fondos; es decir, esta mujer tuvo que renunciar a *una pizza*. Me refiero a que pasó por esa situación.

Lo que era más importante para mí que su tarifa o mi deuda o la posibilidad muy real de que si no sacaba esto adelante estaría compartiendo domicilio con mi madre, era mi mentalidad. Había llegado a un punto en mi vida en el que estaba tan absolutamente harta de estar en la bancarrota, de sentirme atrapada, de saber que podría estar haciendo mucho más con mi única vida, que tomé la sabia decisión de que, pasara lo que pasara, aprovecharía todas las oportunidades que resonaran conmigo para aprender acerca del dinero, hacer dinero y hacer lo necesario para ser rica. Así pues, cuando conocí a una *coach* que yo sentía podía ayudarme, en lugar de ver la etiqueta del precio y mi cuenta bancaria y pensar: *bueno, no es precisamente la combinación ideal pero quizá puedo hacer algunas llamadas y ver si a alguien se le antoja una cerveza*, me apresuré y me exigí a mí misma conseguir el dinero para pagar esa cuota de 7 000 dólares.

Ese es el momento crucial para todos nosotros: el momento en el que el Universo pone delante de ti exactamente lo que necesitas y te pide que estés a la altura. ¿Vas a quedarte con pensamientos de baja frecuencia como: *estoy en la quiebra, eso es lo que dice mi cuenta bancaria, fin de la historia*? O vas a estirarte, a elevar tu frecuencia y a abrirte paso para pensar: *mi situación financiera es temporal, no es quien soy, es el lugar donde me encuentro; estoy rodeado de dinero; voy a encontrarlo y voy a hacer que esto ocurra.*

....

Lo que puedes y no puedes pagar está en tu mente.

....

Si te dijera que fueras e hicieras 2 000 dólares en las siguientes 24 horas y tu mentalidad no estuviera en el lugar correcto tal vez considerarías la posibilidad durante algunas horas y luego sucumbirías ante pensamientos como: *no puedo porque no tengo la más remota idea/soy flojo/estoy ocupado, probé todo y no funcionó; no hay nada que pueda hacer, no que sea legal,* etcétera. Sin embargo, si te persiguiera por la calle con un calcetín lleno de monedas oscilando por encima de mi cabeza amenazando con golpearte con él si no aumentas tus ingresos, te abrirías a posibilidades que literalmente no podías ver antes de tomar la decisión de que definitivamente tenía que ocurrir (solicitar un préstamo, vender tu auto, acercarte a personas importantes e intimidantes para obtener su ayuda, etcétera). Cuando hay voluntad, todo es posible; simplemente preferimos pretender que no hay una forma, de modo que no tengamos que asumir la responsabilidad y hacer cosas incómodas que son necesarias para crecer.

....

Una excusa no es más que un desafío
al que le has entregado tu poder.

....

El gran secreto para hacerte rico no tiene tanto que ver con planes brillantes o con trabajo duro o con buenas conexiones o con tiempos perfectos, como con pensamientos y emociones. Nuestros pensamientos y emociones catalizan no solo nuestras acciones sino que también proporcionan todos los ingredientes para el Coctel de la Creación:

Convicción
Claridad
Concentración
Fe
Urgencia
Acción decidida
Tenacidad
Gratitud

Cuando pones todas estas piezas en su lugar y las pones a trabajar en conjunto, no hay nada que no puedas hacer.

DETERMINACIÓN

Creé el sitio writeyourdamnbook.com y lo puse en funcionamiento un par de meses después de inscribirme con mi *coach*, y para mi gran alegría, comencé a ganar dinero casi de inmediato. El enfoque empresarial tenía lógica para mí: yo era una escritora independiente exitosa, aunque en bancarrota; aproveché una red nacional de mujeres empresarias gracias a mi trabajo asesorando a esas mujeres en sus negocios; tenía suficientes conocimientos técnicos como para navegar por Internet y utilizar la computadora, y me tomaba en serio mi papel.

Para mi gran horror, también me convertí en uno de esos vendedores cursis que venden sus cosas en línea. Sabía que las personas súper inteligentes que vendían en línea habían probado una y otra vez los métodos que yo estaba utilizando, y que yo estaba haciendo dinero de inmediato porque estaba siguiendo sus sabios consejos pero… ¿por qué tenía que implicar, entre muchas otras cosas horribles, publicar en la Red Informática Mundial un anuncio de ventas a la vista de todos donde aparecía un enorme retrato mío con una apariencia profesional, vestida con ropa casual de negocios? Le supliqué a mi *coach* que me dijera que había otra forma de hacer las cosas, y ella simplemente me miró y me preguntó «¿Quieres estar en la quiebra y verte *cool*, o ser rica y cursi?».

....

No puedes experimentar nuevas tierras
desde los confines de tu zona de confort.

....

El Universo siempre va a enviarte lo que necesitas. Quiere que tengas éxito; quiere que crezcas y florezcas y brilles: es la ley de la naturaleza, por el amor de Dios. Sin embargo, al igual que el pingüino emperador que tiene que cargar su único huevo miles de kilómetros por terrenos glaciales peligrosos a tierras de incubación, o la gigantesca secuoya que necesita el calor intenso de los violentos incendios forestales o algún insecto temible que abra los conos que albergan sus semillas… en lo que toca a dar a luz una nueva vida, el Universo quiere saber qué tan serio eres en verdad.

Durante los primeros años de mi negocio viví una vida dual. Me aterrorizaba que mis amigos y compañeros músicos (había estado en bandas de rock por años) se toparan con mis estúpidos materiales de publicidad en línea. También vivía con el temor de que mis nuevos clientes a los que asesoraba en la elaboración de propuestas de libros descubrieran fotografías mías donde aparecía con mi banda punk, *Crotch*, ebria y rockeando vestida con una tanga de hilo dental, y amablemente solicitaran la devolución de su dinero.

Durante varios años me la pasé dando vueltas en medio de esta importante crisis de identidad, pero mi determinación de hacer dinero fue más importante que mi incomodidad por lo que tenía que hacer para ganarlo. Si tenía que verme cursi, lo hacía. Si tenía que gastar todavía más dinero en contratar técnicos que me ayudaran, lo hacía. Si tenía que asistir a incontables eventos para establecer vínculos y entregar mi tarjeta de presentación, lo hacía.

....

Cuán decidido seas determina tu resultado.

....

Decidir hacerte rico significa que pones esa decisión por encima de todo lo demás (excepto hacer cosas ilegales, amorales o repugnantes por dinero, por supuesto). Necesitas ser implacable contigo mismo porque no solo estás desarrollando una nueva mentalidad de hacer dinero sino que estás combatiendo muchísimas creencias subconscientes sobre el dinero que probablemente nunca antes has enfrentado. Cualquier rasgadura en tu armadura ofrecerá a tu antiguo condicionamiento la oportunidad de asumir el mando y sacarte de ruta, y lo hará tan rápidamente que no sabrás qué fue lo que te golpeó. No puedes:

- Sentirte extraño por el hecho de que no solo deseas hacerte rico, sino que vas a invertir todo lo que tienes para hacer que ocurra.
- Asegurarte de que todo sea perfecto antes de comenzar. Hay una delgada línea entre el perfeccionismo y la postergación. Crea el maldito sitio web, manda hacer las tarjetas de presentación, saca las fotografías de tu rostro, lo que sea: ponte en posición de comenzar a ganar dinero y hazte cargo del perfeccionamiento más adelante.
- Tomarte en serio y deshacerte de todas las distracciones que haya en tu vida. Las distracciones son como el vello no deseado. Te quitas uno y va a surgir otro en alguna otra parte.

Deshazte de todo aquello con lo que puedas lidiar fácilmente, y en cuanto a lo demás, aprende a permanecer enfocado en hacer dinero a pesar de todo. Nunca faltan buenas excusas o razones para cambiar tu foco de atención y disminuir tu paso. Permanece decidido, permanece enfocado.

- Quejarte sobre el poco tiempo que tienes o de que nadie a tu alrededor te apoya o de que ya estás trabajando 40 horas a la semana, y ¿cómo *diablos voy a hacer más*? Asume la responsabilidad del hecho de que creaste todo lo que existe en tu vida a través de tus pensamientos, tus creencias, tu foco de atención, tus acciones y tu energía y que tienes el poder de cambiar tu mentalidad, elevar tu frecuencia y crear nuevas cosas que van a serte de más utilidad. Abandona el papel de víctima, entra en modo chingón y sé diligente en cuanto a tu mentalidad.

- Saber exactamente qué es lo que vas a hacer antes de proseguir. Practica dar el siguiente paso que sientes correcto. No hay mejor maestro que la experiencia; recibirás todas las respuestas que necesitas; se estamparán en tu cara y se cruzarán en tu camino por el parque.

- Buscar el consejo de personas que no están mucho más adelante que tú. Tendemos a querer involucrar a viejos amigos y personas con las que nos sentimos cómodos cuando estamos impulsándonos hacia una nueva zona financiera; pero si en verdad quieres crecer, necesitas juntarte con personas de las cuales podrás aprender, que sepan lo que están haciendo, y no solo con personas con las que te sientas cómodo. Buscar el consejo de personas que no están ni cerca de donde tú quisieras estar es una de las mejores formas de quedarte justo donde estás.

Si no quitas el dedo del renglón y comienzas a ver algunos resultados verdaderos, todo, incluyendo tu mente subconsciente, comenzará a cambiar.

HISTORIA DE ÉXITO: SI ELLA PUEDE HACERLO, TU TAMBIÉN.

Katherine, de 52 años, muestra lo que se puede lograr con una creencia inamovible en ti mismo y en tu amigo el dinero:

Siempre he tenido la capacidad de ganar una cantidad decente de dinero. Siempre he creído que soy buena para hacer dinero y esa ha sido una profecía autocumplida. Puedo hacer dinero incluso cuando no estoy tratando de hacerlo. Comencé como empleada del rango más bajo en una compañía de servicios financieros, ganando aproximadamente 15 000 dólares al año, lo cual era suficiente porque no gastaba mucho, pero trabajaba muy duro y rápidamente fui escalando peldaños. Terminé como vicepresidenta, ganando más de 500 000 dólares al año. A medida que comencé a ganar más dinero, tomé cada aumento e invertí la mitad, cantidad que era igualada por la compañía y me retiré muy cómodamente a los 40 años. Incluso después de que me retiré comencé un pasatiempo de jardinería, mismo que pronto se convirtió en un negocio que me produjo dinero. No tenía la intención de hacerlo, pero mi negocio de jardinería simplemente parecía evolucionar por sí solo. Ganar dinero es natural y fácil para mí; veo oportunidades por todas partes y no tengo miedo de dar el salto y ver lo que ocurre.

Considero que creer que puedes hacer dinero, que lo vales, es lo más importante. Es un área en la que siempre he creído y con la que no he batallado.

Siempre me postulé a trabajos que no estaba segura de poder hacer y luego trabajé duro para aprender a realizarlos. Finge hasta que lo logres. Actúa como si supieras qué estás haciendo y trabaja sin descanso hasta hacerlo.

Si crees que eres capaz de ganar dinero, así será, aun cuando no trates de hacerlo.

Cree que eres digno de tener libertad financiera. Haz algo que ames y luego todo lo que tienes que hacer es ser tú mismo para tener éxito. Si vendes algo que amas, entonces simplemente vendes amor, no un producto o servicio específico, y eso se notará.

PARA HACERTE RICO

Mantra de dinero sugerido (dilo, escríbelo, siéntelo, hazlo tuyo):
Amo el dinero porque viene cuando lo llamo.

1. Escribe tus «porqués» para ser rico y da tres razones por las cuales cada uno es más fuerte que tus miedos.
2. Escribe tres formas en las que puedes enamorarte más profundamente de tus «porqués» y llévalas a la práctica todos los días. (Ejemplo: si tu «porqué» es *para cuidar a mi familia*, podrías ver una fotografía de tu familia todos los días, repetir la afirmación *mi familia es feliz, saludable y vive una vida abundante porque yo soy un auténtico chingón para hacer dinero*, recortar imágenes de las cosas específicas que comprarías para cuidar de ellos y observarlas todos los días. Cosas como esas).
3. Observa tres cosas en tu vida financiera en las que te estás enfocando de una manera negativa y toma la decisión consciente de cambiar tu foco de atención. (Ejemplo: *mi cuenta bancaria es un barril sin fondo, vacío y lleno de sufrimiento* se convierte en *mi cuenta bancaria está totalmente abierta y lista para recibir*).

Por favor, llena el espacio en blanco:
Estoy agradecido(a) con el dinero porque _____
_____.

CAPÍTULO 7

LA FE Y EL ORO DE LA GRATITUD

Imagina que algún Maestro Súper Poderoso del Universo bajara del cielo y te informara que todas las riquezas que alguna vez has deseado se encuentran en un almacén al final de la calle, y que hay una garantía del 100% de que se manifestarán en tu vida si te mantienes trabajando diligentemente para llegar a ellas: el dinero, la casa de tus sueños, aquel nuevo y próspero negocio, tu increíblemente exitosa carrera como orador, tu fundación para ayudar a las personas sin hogar, los pagos de la hipoteca, el vestido rojo que utilizó Julia Roberts en *Mujer bonita* y que viste a la venta en *Ebay*, todo eso.

¿Cómo te comportarías si ese fuera el caso? ¿Si no estuvieras distraído por sentimientos de duda y preocupación que flotan en tu mente y te dicen que, después de todo, eso no iba a ocurrir en tu vida?

Probablemente estarías más relajado, más emocionado, disfrutarías más tu trabajo —la, la, la, la, la—, jugarías más, serías más positivo, generoso, agradecido. Dirías cosas como: «¡cuando me compre mi yate voy a dejar que lo manejes!», invertirías las cantidades estratosféricas de dinero que fueran necesarias en tu negocio, harías dibujitos de «yo

+ el Universo = juntos x siempre» en todas tus libretas, te lanzarías a nuevas, emocionantes y aterradoras oportunidades con una expectativa agradecida de victoria, te recuperarías de tus errores más rápidamente, tus palabras serían más impactantes y te contonearías más. Básicamente, estarías súper entusiasmado.

La persona que acabo de describir tiene la mentalidad de alguien que es rico, que tiene todos los ingredientes de los que hemos estado hablando a lo largo de este libro hasta ahora. También acabo de describir la mentalidad de alguien que tiene una fe inamovible en sí mismo y en el Universo.

....

Tu fortuna está en tu fe.

....

Se requiere fe si vas a pasar de estar quebrado a estar en la cima porque la fe es la parte de nosotros que se atreve a creer que una realidad invisible, no probada, totalmente nueva e increíble —y que a menudo ha probado ser lo contrario— está a nuestro alcance. Sin fe, esto es, sin una creencia en los milagros, ¿cuál sería el objetivo de crear algo nuevo y grandioso? Echaríamos una mirada a nuestro alrededor y diríamos: *muy bien, calculo que esto es lo mejor que puedo obtener, así que… ¡mi cheque, por favor!*

La fe es el cohete en el que te montas para llegar a un territorio inexplorado para alcanzar tus más grandes sueños. Y necesitas ser increíblemente fuerte porque vas a volar entre vientos un tanto turbulentos, muchos de los cuales están intentando sacarte de curso. La vida que estás decidido a crear depende de que tu cohete no se caiga a pedazos. No solo te estás enfrentando a tus propias creencias absurdas sobre el dinero, sino que es muy probable que las personas te lancen sus horribles miedos, dudas y preocupaciones como si se tratara de un montón de monos salvajes. Tu fe debe ser feroz, ardiente y no debe ser un juego. Debes creer que todo lo que deseas en verdad está a tu disposición y que posees todas las herramientas, el poder y el permiso para manifestarlo. He aquí cómo tener fe te ayuda a hacerte rico.

La fe te ayuda a deshacerte del «cómo». Creaste la vida que estás viviendo en este momento haciendo lo que sabes hacer y siendo la persona que sabes ser. Cuando tomas la decisión inteligente de hacerte rico, tal vez no veas ninguna solución u oportunidad para ganar esta nueva cantidad de dinero sin importar lo mucho que te empeñes en mirar. Esto es porque estás tan ocupado enfocándote en lo que piensas que puede ser el «cómo», que no puedes ver el nuevo e irreconocible «cómo» que el Universo está restregándote en la cara con gran emoción. La fe quita tu atención del pasado, de tus viejas formas de hacer las cosas, y te abre a nuevas oportunidades, a nuevos «cómo» que crearán una nueva realidad.

Por ejemplo, cuando batallaba siendo escritora independiente, decidí que conseguiría un trabajo de medio tiempo que requería vestirme, dejar la casa y colaborar con otras personas. No sabía cómo era ese empleo ni cómo iba a encontrarlo; todo lo que sabía era que me tomaba en serio el asunto de ganar más dinero, ayudar a otras personas y tener una razón para cepillarme el cabello.

Un día, una amiga me habló sobre un grupo de reflexión empresarial que ayudaba a las mujeres a lanzar su propio negocio. Mi antiguo yo habría dejado pasar instantáneamente esta oportunidad por miedo a gastar el dinero para inscribirme solo para ir a sentarme ahí, semana tras semana, viéndome como una boba sin una sola idea para emprender un negocio. Sin embargo, aunque en ese tiempo eso representaba mucho dinero para mí y no tenía idea de cómo podría llevarme a ganar más, había algo que me daba una buena sensación. Estaba decidida a cambiar mi situación financiera, y ya que esta oportunidad implicaba salir de mi casa y convivir con otras personas que estaban invirtiendo en resolver su situación, conseguí el dinero y me inscribí.

Mientras estaba sentada escuchando a todas estas mujeres que compartían sus lluvias de ideas, yo no tenía todavía una idea para un negocio propio, pero me di cuenta de que podía ayudarles de una forma maravillosa a descubrir qué hacer con las suyas. Para no hacer el cuento largo, pregunté a la mujer que estaba dirigiendo el grupo si necesitaba algún tipo de ayuda para facilitar; me contrató, hice mi primera incursión en el ámbito del *coaching*, lo cual me llevó a iniciar mi propio negocio como *coach* lo cual, a su vez, me llevó a hacer una cantidad increíble de dinero, y eso me llevó a escribir este libro.

Si en lugar de dar un gran salto de fe me hubiera enfocado en mi miedo a desperdiciar mi dinero, a verme como una boba, a no ver cómo esas reuniones me llevarían a hacerme rica, muy probablemente estaría escribiendo un libro sobre diez fáciles pasos para declararse en bancarrota, en lugar de un libro sobre cómo volverte rico.

Tú creaste la realidad financiera en la que te encuentras en este momento haciendo lo que estás haciendo y de la manera como lo estás haciendo: creyendo tus actuales excusas y limitaciones y trabajando en las mismas cosas de siempre. Si te tomas en serio lo de crear una nueva realidad, debes hacer cosas distintas y tener pensamientos distintos. La fe te ayuda a soltar la necesidad de saber cómo va a ocurrir, a confiar en que se te mostrará el camino y a emprender acciones antes de tener todas las respuestas delante de ti.

- La fe eleva tu frecuencia. Cuando confías en que tus riquezas vienen en camino, en lugar de morderte las uñas por los *y que tal si* y *cómo diablos*, cambias tu estado emocional de la duda y el miedo a una expectativa llena de emoción. Este cambio eleva tu frecuencia, te abre y te hace consciente de personas y oportunidades que no veías anteriormente. Esta frecuencia más elevada también te da los ánimos para llevar a cabo acciones en relación con estas nuevas y desconocidas oportunidades cuando se presentan, en lugar de salir corriendo y gritando en la dirección opuesta, sin importar lo aterradoras, costosas o increíbles que sean estas nuevas oportunidades (y, créeme, raras veces vienen en alguna otra forma).
- La fe ayuda a moldear el cambio. Para convertirte en una nueva y más rica persona debes abandonar el apego que tienes a tu identidad actual/antigua: *estoy en la quiebra, convivo con*

personas que también están en la quiebra, y, juntos, hacemos cosas que hace la gente quebrada. Creemos que somos X cosa (que somos nobles, que estamos estancados, que estamos a salvo, que estamos arruinados, etc.). Amamos a nuestra tribu quebrada y no queremos que se desintegre. En lugar de enfocarte en lo que podrías perder cuando crezcas, la fe te ayuda a enfocarte y a creer en todo lo que tienes por ganar.

- La fe fortalece tu relación con la Inteligencia Universal. Cuando tienes la suficiente fe para decir: «tal vez no sepa exactamente cómo voy a duplicar mi ingreso, pero simplemente sé que lo haré», estás confiando en que el camino hacia la riqueza te será mostrado. En lugar de esperar a tener todas las respuestas, estás saltando a lo desconocido confiando plenamente en que la Inteligencia Universal te respalda: *¡aquí vienes, amigocha! ¡Sé que vas a atraparme si me caigo!* Tu conocimiento pasado y presente de la realidad es puesto a un lado por algo que todavía no «existe». Si no tuvieras fe en que el Universo tiene algo maravilloso para ti, está ahí para ti, y es, ya sabes, más inteligente que tú, no dejarías ir tu verdad actual.

- La fe fortalece tu autoconfianza. Si eres lo suficientemente chingón para saltar de la orilla de tu realidad actual hacia el vacío, ¿acaso hay algo que no puedas hacer? Respuesta: no. Nada.

- La fe fortalece tu mentalidad de abundancia. La fe en lo desconocido y lo milagroso quita tu atención de lo que careces y le da la bienvenida a las posibilidades infinitas. Entre más atención pones a algo, más lo creas. De ahí que fe = mentalidad de abundancia = vas a necesitar unos bolsillos más grandes.

Pongamos a la fe en el contexto de la *stand-up comedy* porque es una excelente metáfora para el tipo de agallas que se requieren para ponerte en la orilla. Si le lanzas un chiste a la audiencia y todo lo que escuchas son grillos, estás tú solo ahí arriba sin nadie a quién recurrir, haciendo el ridículo en el escenario frente a todos. Podrías simplemente seguir adelante y desnudarte para completar la pesadilla. Sin embargo, cuando le das en el clavo a un chiste, todos los ojos están puestos en ti; toda la risa y la gloria son tuyas. Es apasionante, es aterrador, es todo o nada, y todo tiene que ver contigo.

Cuando te lanzas a lo grande y das los atemorizantes pasos que necesitas dar para cambiar tu situación financiera —contratar a un estilista caro, inscribirte en una escuela de belleza, escribir un libro, comprar un castillo y convertirlo en una discoteca— estás arriba en el escenario y no tienes idea de lo que se encuentra al otro lado de esas luces cegadoras que caen libremente por el espacio. Sin embargo, esta es la buena noticia: si le das al clavo, ¡hay fiesta! Si fracasas a lo grande, sabrás lo que no funciona, así que cuando salgas y vuelvas a intentarlo, tienes que hacerlo con más información. Dar un salto de fe es una situación ganar/ganar. Mantenerte a flote en tu zona de confort por el resto de tu vida es algo muy aburrido.

La fe, como todas las demás facetas de nuestra mente, es un músculo. Entre más lo utilices, más fuerte se hace. Entre más grande sea el salto, más fuerte necesita ser el músculo de tu fe. Permanecer firme, enfocado y obsesionado con tu fe cuando todo es un caos marca la diferencia entre aquellos que son exitosos y los que fracasan. Normalmente ocurre que justo después de que pensamos que literalmente no podemos soportar un momento más la incertidumbre o la espera o la presión o las decepciones —*Santo Dios, ¿tratan de matarme?*—, aparece el gran inversionista o se acepta la contraoferta o tu alma gemela entra por la puerta.

....

Una prueba de fe es como jugar a la gallinita ciega con el Universo.

....

El Universo quiere que crezcas y te conviertas en la versión más gloriosa de ti mismo. El crecimiento ocurre a través de la fricción y los desafíos, y las lecciones que aprendemos a través de estas experiencias. Como el Universo está tan emocionado de que seas todo lo que puedes ser, va a enviarte todas las experiencias de aprendizaje que necesitas: *¡aquí te va una llanta ponchada de camino a tu boda! ¡Aquí te van un huracán y una inundación el día en el que abres tu nuevo negocio! ¡Aquí te va que no haya espacio donde estacionarte cuando se te hace tarde para la entrevista de trabajo de tus sueños!* Cuando tienes fe en que todo ocurre tal y como está destinado a ocurrir, te abres a recibir la lección, a permanecer en curso hasta tener éxito y no tener un colapso nervioso.

Cuando te encuentras en medio de las lecciones y experiencias de crecimiento particularmente desafiantes, tienes que permanecer de pie como si tu vida dependiera de ello. En lo que se refiere a las cosas verdaderamente grandes, muy a menudo se requiere que llegues al punto en el que tu fe sea lo único que te quede, porque te encuentras tan en la orilla que cualquier cosa que consideres familiar o segura o racional ya no es ni siquiera una luz parpadeante en tu espejo retrovisor. Es como volar o surfear o trastabillar: tienes que enfocarte en tu fe y entregarte a la pulidora cósmica porque tu única otra opción es perder el control y chocar.

....

La chingonería es para los que asumen riesgos.

....

Recientemente recibí una oferta por parte de una compañía productora para comprar los derechos de uno de mis libros. La oferta era buena, pero empezamos a regatear un porcentaje crítico y ninguno de nosotros quería ceder. Yo quería más y ellos querían darme menos, y sin importar cuanto reacomodáramos y ajustáramos otras partes del contrato, este punto siempre se quedaba ahí, viéndonos con los ojos de plato, como una vaca muerta que no se movería.

Me encantaban estas personas; sentía que en verdad entendían mis textos y mi sentido del humor, y estaba muy emocionada de trabajar con ellos. Cuando dijeron las temidas palabras: «esta es nuestra oferta final», y ese maldito porcentaje todavía tenía que subir, tuve que dar un enorme salto de fe y rechazarla. No quería hacerlo; no teníamos ofertas de ninguna otra compañía productora con la que estuviera tan emocionada de trabajar, pero yo sentía que el porcentaje era bajo y sabía que iba a lamentarlo si lo aceptaba. Debía tener fe en que una oferta todavía más maravillosa se encontraba a la vuelta de la esquina y en que mi decisión era firme, en lugar de llenarme de pánico y decir: *¿qué diablos acabo de hacer? Acabo de dejar pasar la oportunidad de que alguien haga un programa de televisión a partir de mi libro mientras yo estoy acostada haciéndome un masaje con piedras calientes y contando mi dinero.*

Mantener conscientemente mi atención en mi fe era un desafío, no voy a mentirte, pero lo hice. Seguí recordándome a mí misma que, por supuesto, el trato que yo deseaba venía en camino; seguí visualizando este trato, seguí sintiéndolo, seguí sintiéndome agradecida por él. Me emociona informar que su oferta final fue como la interminable gira de despedida de Cher: regresaron a la semana siguiente y nos ofrecieron lo que habíamos pedido y ahora todos estamos avanzando felizmente. Jamás habría tenido la fuerza para rechazar la oferta, aguantar hasta el final y terminar en esta increíble situación sin mi querida fe.

Al final de este capítulo voy a compartir contigo algunos de mis métodos favoritos para desarrollar músculos de la fe duros como una roca. Sin embargo, ahora quisiera tomarme unos momentos para hablar sobre el abuelito de todos los *coaches* personales: la gratitud. Ya sea que se trate de fortalecer tu fe o tus creencias o tu frecuencia o tus pensamientos o tu relación con la Inteligencia Universal, la gratitud es una parada en tu camino hacia la grandeza.

A diferencia de casi todo lo demás, la gratitud te pone en contacto cercano con el reino espiritual. La gratitud, por encima de todos los demás pensamientos, te une con la Inteligencia Universal porque, en esencia, estás empatando tu frecuencia con la frecuencia del Universo a través de pensamientos y sentimientos de amor. Piénsalo de esta forma:

digamos que vives en un vecindario donde hay muchísimos niños y horneas unas galletas y las distribuyes entre ellos. Algunos niños están tan metidos en su juego que las ponen a un lado sin prestarles mucha atención; otros se quejan porque quieren más, pero hay un niño que muestra un profundo agradecimiento. Está agradecido por las galletas, por el detalle, por tu gran corazón, te ayuda a limpiar la cocina, llena el comedero de pájaros y configura tu iPhone. Él es el niño que recibe todas las galletas que quiere e incluso, hasta lame el recipiente. Él ha empatado tu energía de generosidad con su energía de gratitud y su respuesta de frecuencia elevada le abre la puerta para recibir más de esa misma energía proveniente de ti, así como de alguien más.

....

La riqueza aprecia a quien la aprecia.

....

La gratitud te permite elevar la energía con la que enfrentas cada situación. Cuando estás agradecido por las lecciones que te traen las situaciones desafiantes en lugar de sentirte molesto o sentir lástima por ti mismo, elevas tu frecuencia y te abres a recibir más experiencias de frecuencia elevada en lugar de repetir las que son un fastidio. El resentimiento atrae más resentimiento; la negación te mantiene atorado en el mismo lugar. Sin embargo, la gratitud te saca del remolino de la baja frecuencia, te abre a nuevas posibilidades y te libera.

Digamos que estás desempleado y vas conduciendo a una entrevista de trabajo y te involucras en un accidente automovilístico. Pierdes la entrevista, pierdes el ingreso potencial y vas a tener que endeudarte más para conseguir un auto nuevo. Estoy totalmente a favor de maldecir y patear llantas y romper en llanto y sacar de tu cuerpo la rabia y la frustración. Esto no tiene que ver con negar o reprimir tus sentimientos, sino con percibir tu vida de una forma poderosa. Aun si no tienes ni la más remota idea de cuál es la lección en esta situación, una vez que termines con tu berrinche, agradece que haya ocurrido.

Te encuentras en un momento en el tiempo, varada a la orilla de la autopista, rodeada de repente por trozos de vidrio y conos anaranjados y no tienes idea de cuál va a ser el resultado de esta situación en tu vida. Podrías descubrir años más tarde que te salvó de aceptar un trabajo que habrías odiado en lugar de obtener el que ahora amas; podrías enamorarte del paramédico que apareció en la escena del accidente, o, finalmente, podrías despertar y decidir hacer lo necesario para volverte rica porque la pérdida total de tu auto fue el golpe decisivo que te inspiró a enfrentar tus problemas con el dinero y a lanzarte con todo para cambiar tu vida. Puedes elegir ser una víctima de tus circunstancias o asumir la responsabilidad de cómo eliges percibirlas.

....

No puedes ver el lado bueno de las cosas a través de
unos lentes de víctima.

....

Ten fe en que tú y el Universo han creado todo lo que necesitas para tu crecimiento y agradécelo. Pase lo que pase. Haz que el hábito de la gratitud sea tu recurso, observa las ocho mil millones de cosas que te rodean en todo momento por las cuales puedes estar agradecido y espera con gratitud todas las cosas que vienen hacia ti. Lo bueno, lo malo, lo feo, la mancha de salsa que te acaba de caer en tu nueva camisa blanca; conviértete en una máquina de gratitud por todo ello.

....

Nunca faltan cosas por las cuales estar agradecido
si recuerdas prestar atención.

....

Si estás sintiéndote frustrado y molesto por tu falta de ingresos, invertir una cantidad importante de tiempo en la gratitud resulta fundamental, especialmente si sientes que estás haciendo todo bien: si tienes claros los detalles, te estás moviendo rápido, estás asumiendo grandes riesgos, haciendo llamadas de ventas que te ponen los pelos de punta, pagando a las personas un dinero que te da miedo gastar, todo para ayudarte a poner en funcionamiento tu sitio web, y aun así… no hay dinero… ¡WTF! Si has estado haciendo todo bien pero has descuidado ser agradecido, muy probablemente estés alejando el dinero por la desesperación que tienes de que este dinero llegue. La desesperación repele; la gratitud atrae. Cuando estás desesperado te quedas atorado en la preocupación de que el dinero no aparezca y en el pensamiento de que necesitas conseguirlo, en lugar de reconocer que ya está aquí y que no hay necesidad de obtener nada. Recuerda, el dinero es moneda y la moneda es energía. Cuando cambias al modo de gratitud y te enfocas en sentirte agradecido por todo lo que tienes y por todo lo que viene en camino, aún si no hay ninguna suma de dinero a la vista en ese momento, estás fortaleciendo tu fe en que el dinero estará ahí para ti y te alineas energéticamente con esta creencia y comienzas a manifestar las cosas y oportunidades por las que estás agradecido.

Tengo una amiga que es diseñadora de interiores. Al principio de cada año se pone a pensar cuánto dinero le gustaría ganar, en qué quiere utilizar ese dinero, se emociona a más no poder por ello, y luego conduce por su localidad y observa todas las casas, viendo cada una de ellas como una oportunidad de realizar su sueño. Evidentemente no decora cada casa, pero utiliza este ejercicio para anclarse en la creencia de que existen innumerables casas y personas que podrían utilizar sus servicios, a las cuales podría ayudar y las cuales, a su vez, podrían ayudarla pagándole. Se siente profundamente agradecida por esto; su fe es tan fuerte que, por supuesto, puede tener todo lo que desea, y cada año cumple su meta. Aun si no tiene ni un solo cliente al principio de su pequeño viaje de conducción, está agradecida por todos los clientes que sabe que el Universo le está enviando.

Es como cuando estás en un avión y despegas en un día lluvioso oscuro y deprimente. Miras por la ventana el cielo gris, las pequeñas casas tristes envueltas por la lluvia, y luego el avión se dirige directamente a las oscuras nubes. Todo está oscuro y turbulento y atemorizante y luego ¡taráaan! De repente, sales de todo ello y te encuentras en el hermoso cielo azul, con nubes esponjosas y el sol brillando. El sol y las nubes esponjosas estuvieron ahí todo el tiempo; simplemente, tú no podías verlos desde tu perspectiva.

No me importa qué tan desquiciada o desesperanzada te parezca tu situación en este momento, porque no es la verdad; es solo lo que estás experimentando en este momento. Existe una realidad luminosa y totalmente distinta esperándote, y todo lo que tienes que hacer es tomar la decisión de atravesar tus propias nubes tormentosas del miedo, la duda y la preocupación, permanecer en un estado de gratitud expectante con una fe inamovible de que el sol está ahí aun cuando todavía no puedas verlo y seguir tu ruta a través de la turbulencia hasta que llegues al otro lado.

PARA HACERTE RICO

Mantra de dinero sugerido (dilo, escríbelo, siéntelo, hazlo tuyo):

Amo el dinero y estoy agradecido todos los días porque me rodea con su gloriosa bondad.

1. Elige cinco cosas en tu vida que te asustan, te agotan y te irritan, encuentra razones por las cuales estar agradecido por ellas y escríbelas (siente esta gratitud, no solo lo hagas de dientes para afuera).
2. Haz una lista cada noche antes de irte a dormir de 10 cosas por las que te sientas agradecido.
3. Haz una lista de cinco razones por las que tienes fe en ti mismo.
4. Haz una lista de cinco razones por las que tienes fe en el Universo.
5. Dar viene de la abundancia; recibir viene de la carencia. Pon tu atención en la abundancia y fortalece tu fe dando dinero todos los días durante 29 días. Puedes dar tan poco como unos

cuantos centavos o tanto como puedas en la forma que puedas. Hazlo en secreto cuando sea posible.

6. La fe requiere paciencia. Todas las semillas tienen un periodo de gestación y le corresponde al Universo, y no a nosotros, saber qué tan largo es ese periodo. Tensarse y ponerse como loco no va a hacer que las cosas vayan más rápido. Haz tres cosas para ayudarte a seguir siendo paciente al tiempo que mantienes fuerte tu fe. Estas son algunas opciones: practica respirar profundamente en el momento en el que sientas que comienzas a perder la calma, repitiendo un mantra como; «¡ya viene en camino, puedo sentirlo!». Imprégnate con el sentimiento de cómo te sentirás cuando llegue. Sé súper específico y ten estas herramientas listas: aquello en lo que te enfocas, lo creas más, así que enfocarte en impaciencia = carencia = lo alejas. Escoge en qué vas a enfocarte para fortalecer tu fe y tu paciencia y saldrás victorioso.

Por favor, llena el espacio en blanco:
Estoy agradecido(a) con el dinero porque _____
_____.

CAPÍTULO 8

ACCIÓN DECIDIDA:
LA ELECCIÓN DE LOS CAMPEONES

Estoy obsesionada con la película *Tocando el vacío* que trata sobre dos hombres que escalan una enorme montaña que jamás ha sido conquistada por el ser humano porque es como la estrella de la muerte de la nieve, el viento y la desolación glacial. Sin embargo, están decididos y van y la escalan y todo es perfecto y *¡¡yupiii, lo hicimos!* y *pienso que puedo ver mi casa desde aquí* y, luego, durante el descenso, por supuesto… una tormenta de nieve.

Veo mucho este tipo de películas de supervivencia extrema donde las personas tienen que comerse el cuerpo congelado de unos y otros después de un accidente aéreo o cortarse su propio brazo cuando una enorme roca les cae encima y los atrapa en un cañón, pero *Tocando el vacío* está en la parte alta de mi lista, maldita sea, por lo que le ocurre a uno de los hombres… O sea, justo cuando piensas que las cosas no pueden ser peores se vuelven realmente mucho, mucho peores, tanto que te pones a gritar «¡Dios mío!» aunque la estés viendo a solas.

No voy a dar todos los detalles porque en verdad quiero que la veas, pero voy a hablarte sobre el final, porque a este tipo le pasa una cosa tras otra, tras otra, tras otra y su mentalidad es la única razón por la que logra salir vivo (por cierto, desde el inicio de la película se sabe que sobrevive, así que no es necesario que me des las gracias). Tiene que atravesar un área interminable de hielo congelado que, en cualquier momento, podría resquebrajarse bajo sus pies y enviarlo directamente a una gigantesca grieta sin fondo. Luego, una vez que sale del glaciar se topa con un terreno increíblemente escarpado lleno de peñascos, y tiene que atravesarlo con la pierna rota, un rostro que parece una pizza de peperoni debido al congelamiento y a las quemaduras de sol, los dedos de las manos y los pies congelados, sin comida, sin agua, sin lentes de sol (así que ahora está cegado por la nieve), cubierto en su propio excremento, Y ADEMÁS con una muy mala canción dándole vueltas en la cabeza.

Está tratando de utilizar su piolet como bastón, lo cual no le funciona, así que termina resbalándose y cayendo y golpeando su pierna destrozada sobre las rocas casi a cada paso que da, llorando y gritando de dolor a cada instante. Sin embargo, nunca se da por vencido; simplemente va saltando de cojito y se cae y grita mientras vuelve al campamento base el cual, por cierto, puede o no estar desierto para cuando finalmente logre llegar ahí. Su equipo pudo haber empacado y haberlo dado por muerto. Este viaje agonizante parece continuar por 900 años, y si estás pensando: *espera, ¿estás describiendo mi viaje para tratar de ganar dinero?*, escucha atentamente porque hay cosas muy buenas aquí que te ayudarán a escapar de la helada desolación de tu cuenta bancaria vacía.

Lo primero y más importante que hizo este escalador fue decidir que iba a vivir. Podría parecer que la voluntad instintiva de vivir y todo eso es algo obvio, pero… ¿has decidido que vas a vivir? Quiero decir, ¿vivir verdaderamente de la forma en la que sabes que te encantaría vivir? Si te tomas en serio el hecho de volverte lo suficientemente rico como para vivir tu vida al máximo, tienes que decidir hacerlo con la tenacidad de un hombre que se enfrenta con situaciones que amenazan su vida y adversidades insuperables con una muy mala canción dándote vueltas en la cabeza, porque en el instante en el que algo salga mal o se vuelva difícil o cueste mucho dinero o tiempo, si has decidido irte por lo fácil en lugar de por lo real, en el segundo en el que el camino se vuelva difícil vas a sacar tus excusas favoritas, vas a elaborar soliloquios convincentes sobre por qué resulta sensato abandonar la batalla y sopesarás tus opciones: *bueno, si me doy por vencido y me quedo aquí, calculo que voy a quedar congelado en un par de horas, no podré sentir absolutamente nada después de eso y luego podré mirar las estrellas hasta que lentamente mi vida se apague y los pájaros comiencen a picotear mi pierna desgarrada.*

Tienes que tener un gorila de diez toneladas completamente decidido respirándote en la nuca para hacer lo que se requiere hacer, superar tus miedos y terrores inconscientes y saltar hacia lo desconocido. Decidir significa que no hay un plan B, que has metido el pie que tenías fuera y ahora ambos pies están dentro, estás totalmente a bordo, listo para ser todo un chingón.

....

Si ya elaboraste un plan de respaldo,
no has tomado una decisión.

....

Las raíces latinas de la palabra «decidir» significan literalmente «cortar», lo cual quiere decir que todas las demás opciones desaparecen y estás comprometido únicamente con tu decisión. Las personas tienen tantas crisis y resistencias relacionadas con tomar decisiones porque le tienen pánico y miedo a que si se deciden por una cosa se perderán todas las demás cosas increíbles que quieren hacer. Sin embargo:

....

No puedes hacer nada si tratas de hacer todo.

....

Una de las más grandes cáscaras de plátano en el camino hacia el éxito es fragmentar tu tiempo y tu atención. Si vas de un lado al otro, estás pateando un montón de cosas distintas en lugar de patear una sola.

Investiga cómo vas a hacerte rico, toma la sabia decisión de seguir adelante hasta que alcances tu meta y, como parte de tu recompensa, podrás hacer todas las demás cosas que no podías hacer mientras estabas ocupado aferrándote a tu decisión de volverte rico.

Si arrancaras esta página del libro e hicieras tan solo esto —si decidieras con un compromiso del 100% que vas a volverte rico y vas a mantener tu decisión de hacerlo hasta que estés completamente inmerso en el proceso—, saldrías victorioso, porque cuando tomas una decisión automáticamente te obsesionas con pensamientos de hacerla realidad, buscas por todas partes oportunidades, oportunidades que te producen temor, tu fe es fuerte como un toro porque si no creyeras que volverte rico es posible no habrías decidido hacerlo en primer lugar; estás agradecido porque lo que deseas ya existe, es en lo único en lo que piensas y se ha convertido en algo real en tu mente; asumes riesgos enormes y tienes cero paciencia con quienes te dicen que no va a funcionar. Piénsalo: puedes tomar una decisión tan insignificante como cambiar el color de tu baño y de pronto te conviertes en una fuerza sobrenatural y observas de una forma totalmente distinta la pintura de las paredes que has visto un millón de veces, y hablas emocionado solamente de eso, inspirando a tus amigos a saltar detrás de los arbustos cuando te ven acercarte con todavía más muestras de pintura en tus manos. Una decisión firme pone todo en movimiento —tu mentalidad y tus acciones— y también alerta a la Inteligencia Universal de que así es como van a ser las cosas y comienza a mover todo lo que necesitas en dirección tuya.

. . . .

Tus deseos vienen a ti a través de tu pensamiento,
y los recibes cuando te decides a actuar.

. . . .

Quiero señalar aquí que cuando digo que el Universo comienza a mover todo lo que necesitas en tu dirección, me refiero tanto a ideas como a oportunidades, personas y cosas. Cuando tomas una decisión y alertas a la Inteligencia Universal para que lo traiga a ti, tienes que prestar mucha atención a cualquier pensamiento y a cualquier gran nueva idea que venga a tu cabeza. Debes darte cuenta antes de que un viejo condicionamiento pueda arrojarse a mitad de tu camino y trate de bloquear al nuevo tú. *¿Qué? ¿Simplemente subirme a un avión y presentarme en la puerta de la casa del tío Steve para pedirle trabajo? ¡Ni que estuviera borracho! ¡Es una locura!* Una buena idea que sale de la nada puede cambiar tu vida entera, pero no va a hacer nada si no actúas conforme a ella, y tu subconsciente es tan ninja que puede detenerte sin que te des cuenta siquiera de lo que está ocurriendo.

....

Las ideas brillantes son notas de amor del Universo
que dicen: *Esto es para ti. Pienso que eres sexy.
Y capaz. Ve y comparte tu maravillosa personalidad
con el mundo.*

....

No puedo decirte cuánto tiempo desperdicié (muy bien, 40 años) aparentando que podía hacer las cosas de una forma diferente en lugar de actuar conforme a las ideas que parecían estar fuera de mi alcance o que me costarían un dinero que no quería gastar. En otras palabras, ideas que me habrían forzado a crecer. Prendí fuego a incontables pinceladas de genialidad sin siquiera prestarles atención, y, simplemente, las hice a un lado de inmediato como algo imposible de realizar. ¡A lo que sigue! Luego regresaba a quejarme, a girar como trompo y a preguntarme: *¿por qué, oh, por qué no puedo salir de mi agujero?* El Universo debió haber estado diciendo: *¡acabo de darte exactamente lo que pediste! ¿Estás hablando en serio?*

Un ejemplo perfecto de una idea que puede cambiarte la vida es la que se le ocurrió a nuestro pobre alpinista que estaba tirado en la montaña. Uno de los pocos objetos que de algún modo sobrevivió a toda esta dura experiencia fue su reloj. Mientras estaba recostado en la nieve cegadora observando la brutal cantidad de terreno que tenía que atravesar con su pierna rota y su botella de agua vacía, observó un punto a la distancia donde había una cierta inclinación o una bajada o algo perceptible que la distinguía y decidió que tenía que llegar ahí en 20 minutos. Programó el cronómetro de su reloj y sin importar cuánto dolor tenía o los obstáculos que había a lo largo del camino, todos sus pensamientos, energía y determinación estaban concentrados en llegar a ese lugar antes de que el cronómetro sonara. Dijo que era la única forma en la que podía manejar el hecho de tener que cruzar el terreno devastador que se encontraba delante de él sin volverse loco por lo imposible que parecía. Tomaba cada desafío de 20 minutos con seriedad extrema. Hizo que lograr su meta antes de que el cronómetro sonara fuera algo no negociable y urgente, y entendía que si se equivocaba había mucho más en riesgo que solo perder contra un cronómetro.

Cuando nos disponemos a hacer grandes cambios en nuestra vida, es muy común que arremeta la bestia del agobio. Están ocurriendo muchas cosas en nuestra vida actual ¿y ahora estamos agregando más cosas a nuestra lista para alcanzar nuevas metas? ¿Estás bromeando? Y no solo son más cosas, sino que son las grandes cosas que nos provocan miedo y que hemos sido demasiado flojos para hacer hasta ahora y son cosas muy grandes y muy locas y de repente sientes: *¡diablos! No puedo moverme. En serio, creo que algo le pasó a mis brazos que no puedo levantarlos…* Y luego, una vez más, el hecho de dominar tu mentalidad viene al rescate. El agobio, al igual que la calma, es un estado mental, y todo lo que tienes que hacer es elegir si te vas con melón o con sandía.

....

Agobio: cuando tomas la decisión poco constructiva
de dejar de respirar, pierdes perspectiva y te olvidas
de que tú tienes el control de tu vida.

....

He aquí un par de formas en las que puedes derrotar a la bestia del agobio y regresarla a su jaula:

1. Investiga los detalles. Nos provocamos mucho dolor innecesario cuando perdemos los estribos y asumimos que los confusos e infinitos detalles de nuestra vida están matándonos. Por otra parte, normalmente no tenemos ni idea de lo que estamos hablando. Por ejemplo: *tengo un millón de correos electrónicos que necesito contestar y tengo que recoger a los niños y hacer la cena y tengo que solicitar un préstamo para mi nuevo negocio. ¡Nunca voy a lograr hacerlo todo!* se convierte, después de una investigación, en: *me va a tomar 45 minutos responder los correos electrónicos porque, de hecho, solo son 12 y no un millón; la cena me toma 30 minutos; puedo pedirle a mi vecina que recoja a los niños y tengo mucho tiempo para llenar mi solicitud para el préstamo. Vaya.* Ciertamente, algunas veces nos hemos llevado a la boca más de lo que podemos masticar, pero te juro que la mayor parte de tu agobio puede disminuir si obtienes algo de claridad.

2. Divide tu lista de cosas por hacer en pequeños fragmentos. Enfrentar la tarea de escribir todo un libro hará que quieras tirarte al piso en el camino; sentarte a escribir un capítulo resulta emocionante. Enfrentar la tarea de duplicar tu ingreso estudiando hasta morir, entrar a la escuela de medicina, ir a la escuela de medicina, hacer el internado y montar tu propio consultorio hará que envidies la elección de carrera de tu cantinero; escudriñar la información que se encuentra en el primer capítulo del libro de texto de medicina es algo emocionante. Enfrentar la tarea de atravesar kilómetros y kilómetros de terreno hostil y congelado con un cuerpo que ha pasado por una trituradora de madera hará que quieras abandonar la nave de inmediato; pasar los siguientes 20 minutos yendo del punto A al punto B con el mismo cuerpo pasado por una máquina trituradora de madera no es algo emocionante pero, bueno, es menos terrible.

   La otra ventaja fundamental que tiene dividir tu tiempo es que te permite concentrarte. Utilizando nuevamente el ejemplo del tipo que está tirado en la montaña, durante sus tramos de

20 minutos estaba enfocado únicamente en la tarea que estaba frente a él. Esta concentración logró dos cosas: uno, fortaleció su fe. Aquello en lo que te concentras lo creas más, y en lo único en lo que él se concentraba era en arrastrar su trasero al punto deseado. Fin de la historia. Nada de pensar en detenerse o en caerse o en lloriquear. Él se enfocaba exclusivamente en la posibilidad del éxito y eso fue lo que logró una y otra vez, y cada vez que lo hizo, su fe se fortaleció. En segundo lugar, esta firme concentración lo ayudó a maximizar su tiempo. El tipo no podía darse el lujo de vagabundear, escribir su nombre con su pipí en un banco de nieve o hacer muñecos de nieve; tenía una necesidad imperante de conseguir un vaso de agua pronto, así que cada segundo contaba.

Nosotros también vamos a morir, y cada segundo cuenta en nuestra vida, pero tendemos a olvidarnos de esta urgencia y pasamos nuestro precioso tiempo en la Tierra postergando, quejándonos, creyendo y enfocándonos en pensamientos que nos detienen en lugar de poner manos a la obra. Las personas que están ocho horas al día en un trabajo, pasan alrededor de tres horas siendo productivas y, el resto del tiempo, se la viven platicando junto al garrafón del agua, viendo lo que hay en el refrigerador en la sala de descanso, pensando en sexo, viendo cómo unos patos persiguen a un perro alrededor de un arbusto en Facebook, etcétera. Si sientes que tienes todo el tiempo del mundo para hacer algo, te tomará todo el tiempo del mundo. Si tienes 20 minutos, la tarea te llevará 20 minutos. Dividir tu tiempo y exigirte a ti mismo enfocarte en una sola cosa crea un sentido de urgencia, maximiza tu productividad y libera más tiempo para que hagas otras cosas.

....

El momento llega a quienes lo propician,
no a quienes tratan de encontrarlo.

....

A continuación te presento un desglose de los pasos que hemos mencionado hasta ahora que te ayudarán a poner más dinero en tu cartera:

- Determina la cantidad de dinero que vas a ganar, los detalles de para qué vas a utilizar el dinero y lo increíblemente maravilloso que se siente ganarlo.
- Decide, con un compromiso inamovible, que vas a ganar ese dinero.
- Haz un plan para generar el dinero que deseas ganar, divide el plan en trozos pequeños y enfócate en una sola meta a la vez.
- Mantén en tu mente una imagen de la vida que estás creando y todo el dinero que está fluyendo hacia ti con una enorme emoción, una fe a prueba de balas y una profunda gratitud.
- Haz tu mejor esfuerzo hagas lo que hagas. Si mientras estás construyendo tu imperio de tarjetas de felicitación tienes un trabajo donde quitas la goma de mascar de debajo de las mesas en un boliche, en lugar de molestarte por tener un trabajo que no precisamente adoras (creas aquello en lo que te enfocas más), encuentra el lado positivo, sé el mejor raspador de goma de mascar con el que ha trabajado ese boliche y ten una actitud de gratitud.

....

Desear crecer no es lo mismo que tener una actitud
negativa hacia lo que haces.

....

- Cuando el Universo te presente un «cómo» que te lleve a tu meta de ganar más dinero, en lugar de alejarte de él, arrójate a sus amorosos brazos de inmediato. Especialmente si te da miedo. Cuando esos pensamientos vengan a ti, todo lo que necesitas es responder a estas tres preguntas: ¿es esto algo que quiero ser, hacer o tener? ¿Me está llevando esto hacia mi meta? ¿Voy a hacerle daño a alguien si hago esto? Si obtienes respuestas satisfactorias a esas preguntas, ve tras ello.

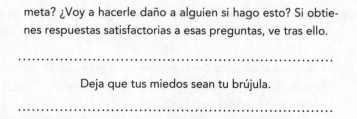

Deja que tus miedos sean tu brújula.

¿Recuerdas esos 85 000 dólares que te dije que manifesté para pagar mi enorme paquete de *coaching*? Bueno, voy a contarte cómo lo hice porque fue una de las cosas más atemorizantes e incómodas que he hecho en mi vida. Una vez que decidí recibir *coaching* a ese nivel y en serio, en lugar de correr y esconderme como lo hice la primera vez, actué de inmediato en relación con una idea que vino a mi mente. Esta idea no era algo divertido, ni cómodo, ni nada, y tampoco era algo por lo que dejaría pasar una sesión de depilación de cuerpo entero, pero lo hice porque mi deseo de ser exitosa era más fuerte que mi deseo de desperdiciar más tiempo viviendo la vida que estaba viviendo. Me vino la idea de alguien a quien podía pedirle prestado ese dinero, alguien que a) sabía muy poco sobre *coaching*, y lo que sabía al respecto probablemente evocaba en su mente palabras como «aceite de serpiente», «basura manipuladora» y «un montón de gente rara»; b) es la persona más frugal que jamás haya conocido, el tipo de persona que tiene dinero pero jamás, jamás lo gasta excepto para comprar papel higiénico de reserva cuando está de oferta; c) creía en mí.

Compré un boleto de avión para volar a su casa en el preciso instante en el que el pensamiento aterrador se adueñó de mi mente (un boleto que cuesta alrededor de 1 000 dólares más de lo normal gracias a que lo compré de última hora) y llegué a la puerta de su casa, produciéndole una enorme sorpresa. Me arriesgué a ser vulnerable ante esta persona; me arriesgué a que pensara que estaba loca, que era una irresponsable y que, muy posiblemente, estaba metida en un culto. Y jamás se me va a olvidar el rostro de dolor que hizo cuando le dije la cantidad que necesitaba. Sin embargo, después de mucho tiempo de diálogos incómodos, me soltó el dinero. Y procedí no solo a ganar el dinero para pagarle en menos de un año, sino que, gracias a que había enfrentado mi terror y le había pedido el dinero, además de recibir un año del mejor *coaching* que jamás había experimentado, fui donde ninguna Jen Sincero había ido jamás. Asumí constantemente enormes y aterradores riesgos, contraté a un equipo para que creara videos y mejorara mis estructuras en línea a diferencia del pasado en el que lo hacía todo por mí misma, creé nuevos productos y servicios, subí mis tarifas y me puse en contacto con clientes que estaban «fuera de mi alcance», presenté y escribí un libro que se convirtió en uno de los más vendidos de acuerdo con el *New York Times*: en esencia, hice todas las cosas que antes tenía demasiado miedo/tacañería/flojera de hacer, todo lo cual llevó al negocio multimillonario y a la marca que tengo en la actualidad. Y eso jamás habría ocurrido si no hubiera comenzado haciendo algo que en verdad noooooooooo tenía ganas de hacer.

NOTA IMPORTANTE SOBRE LOS 85 000 DÓLARES: Si estás leyendo esto y piensas: *sí, por supuesto, simplemente voy a salir corriendo y voy a pedirles 85 000 dólares a las personas que conozco*, quiero dejar algo en claro. La cantidad es irrelevante; transformar tu vida tiene que ver con tu deseo y tu decisión; no tiene que ver con qué soluciones pueden o no estar frente a tus ojos. Si decides que, definitivamente, necesitas manifestar una cierta cantidad de dinero que te proporcione los recursos para hacerte rico, ya sean 80 dólares u 80 000, el dinero existe; simplemente es cuestión de qué tan en serio te tomas el hecho de conseguirlo. Una de las formas más rápidas de convencerte a ti mismo de no hacer lo que necesitas hacer para tener éxito es caer en la victimización: decidir que otras personas tienen más a su disposición, que para ti es más difícil, así que, para qué tomarse la molestia. Tal vez, efectivamente, a ti te resulte más difícil que a la mayoría de las personas, pero las personas que la han tenido más difícil que tú han hecho cosas milagrosas con su vida. El éxito no tiene que ver con el lugar en el que te encuentras, sino dónde decides que vas a estar y quién vas a ser.

Cuando decides que vas a hacerte rico, las opciones están ahí, y aunque puedes tardar un tiempo en percatarte de ellas, cuando lo hagas todo se reducirá a qué tan grande es tu deseo de experimentar un cambio.

HISTORIA DE ÉXITO: SI ELLA PUEDE HACERLO, TÚ TAMBIÉN.

Una de mis clientas, Kelly, pasó de ganar un promedio de 4500 dólares al mes a ganar un promedio de 35000 dólares al mes a base de hacer cosas que le causaban temor.

Kelly tiene su propia compañía de camisetas. En aquel momento, se sentía frustrada por el hecho de que, sin importar cuánto dinero ganara, siempre tenía apenas lo justo para sobrevivir. Siempre había algo que surgía que lo arruinaba todo: su auto se descomponía, recibía una factura inesperada, un familiar necesitaba dinero prestado. Ella quería conseguir más clientes, pero no podía manejarlo todo por sí sola y sentía que estaba demasiado ocupada como para capacitar a alguien. Luego, cuando el negocio iba lento, se decía a sí misma que no podía contratar y entrenar a alguien porque el negocio iba lento. Permaneció en este círculo vicioso años y años:

Me había convencido de que no había forma de que pudiera contratar a alguien. Tenía retrasos en mi hipoteca, no tenía nuevos clientes y seguía pensando: *¿cómo voy a poder ser responsable también del ingreso de alguien más?*

Cuando mi *coach* me dijo que tenía que comprometerme a contratar a alguien si quería crecer, me aterroricé por completo. Sin embargo, luego mi mentalidad cambió repentinamente; era como si, una vez que hubiera tenido el permiso de hacerlo, tuviera la epifanía de que por supuesto, era muy obvio que eso era lo que tenía que hacer. Antes de este cambio no había forma de que hubiera podido verlo.

En el instante en el que me comprometí a llevar a cabo la contratación, no tuve otra opción y tuve que ganar el dinero suficiente para pagarle. Eso me asustaba terriblemente, pero también me motivaba. De inmediato supe que había tomado la decisión correcta porque una vez que comenzó a trabajar para mí, las compuertas se abrieron y todos los clientes a los que estaba rechazando comenzaron a venir a mí. No había forma de que hubiera podido manejar sin él a todos los clientes que llegaron.

Después de nuestra primera sesión de *coaching*, elevé mi frecuencia haciendo el atemorizante pero emocionante compromiso de traer a alguien más a trabajar conmigo; visualicé y dije afirmaciones sobre atraer el dinero que deseaba ganar y al cabo de la primera semana terminé ganando 26 000 dólares. ¡En una semana! Parecía 50% magia y 50% trabajo duro.

¡Qué sentimiento tan maravilloso es no despertar en medio de la noche estresada por el dinero!

Los seres humanos tenemos un potencial ilimitado y la mayoría estamos simplemente rascando la superficie de nuestros poderes. Si no estás en el punto donde quieres estar financieramente hablando, piensa en dónde te estás deteniendo. Aparentamos que hemos hecho todo lo que podemos hacer y trabajamos cada vez más y más duro haciendo las mismas cosas que siempre hemos hecho, esperando resultados diferentes. Mientras tanto, casi siempre existe una solución justo frente a nuestras narices que estamos ignorando porque hemos decidido que está fuera de toda discusión.

EXISTE UNA GRAN DIFERENCIA ENTRE NO PUEDO Y NO QUIERO

Hacerte rico no necesariamente tiene que ver con trabajar más duro. De hecho, normalmente implica trabajar menos ya que estás tomando decisiones más inteligentes. Cuando Kelly contrató a su primer empleado ya no tuvo que trabajar tan duro como lo estaba haciendo Y aumentó de forma verdaderamente significativa su ingreso. Tanto, que compró dos nuevas imprentas, ¡dos!, contrató a un segundo empleado y comenzó a buscar un espacio más grande para su negocio. Todo en un lapso de unos cuantos meses. Todo comenzó porque tomó la decisión de crecer y hacer aquello que más tenía miedo de hacer pero que sabía que la llevaría a su meta.

GASTAR TU ÚLTIMO RECURSO

Algunas veces el riesgo atemorizante que necesitamos asumir para llegar al siguiente nivel es gastar un dinero que todavía no tenemos. Es la versión económica de lánzate y la red aparecerá, y se trata de un tema muy controversial, porque, en esencia, lo que estoy diciendo es que te endeudes, y las deudas son el lobo malo en nuestra sociedad. Sin embargo, las deudas, como todo lo demás, tienen que ver con tu mentalidad. Gastar un dinero que no tienes de forma imprudente, vivir más allá de tus medios, hacer un hoyo más profundo con una mentalidad de miedo y negación y sin ningún impulso o plan para pagarlo es una forma de ver las cosas. No estoy recomendando que hagas esto. Tampoco te estoy recomendando que te endeudes si sientes que existen otras opciones; este es un último recurso pero es una opción viable *solo si tienes la mentalidad correcta*. Jugártela y exigirte estar a la altura de las circunstancias y no detenerte hasta recuperar ese dinero es la mentalidad de la que hablo. Es como cuando quieres irte de viaje pero nunca encuentras el momento apropiado. Compra el maldito boleto, reserva los hoteles, organiza todo, y después haz que tu calendario gire alrededor de ello. Si te esperas a tener tiempo, jamás ocurrirá.

Lo mismo ocurre con esto: si quieres tener primero el dinero, quizás nunca suceda. Hice esto una y otra vez cuando estaba estirándome para salir de mi estilo de vida raquítico y volverme rica. Solicité nuevas tarjetas de crédito para pagar mi *coaching*, y luego hice todo lo que mis *coaches* me dijeron que hiciera —sin importar lo aterrador que fuera— para recuperar el dinero y en todos los casos pagué mis deudas al cabo de unos cuantos meses. Si hubiera esperado hasta ganar el dinero que necesitaba con mi ingreso de 30 000 dólares al año de aquel entonces, jamás habría podido contratar a un *coach* y subsistir al mismo tiempo. Tuve que dar el aterrador salto de endeudarme más, pero lo hice con una fe absoluta en mí misma, porque estaba lista para transformar mi vida. Asumir este tipo de riesgos implica estar a cargo de tu vida y no ser una víctima. Tiene que ver con tener fe en el Universo y en ti mismo, en que puedes y vas a manifestar todo lo que deseas. Tiene que ver con la persona en la que te conviertes en este proceso.

Si necesitas solicitar un préstamo para rentar un espacio para montar tu nueva tienda o pedir prestado para pagarle a tu nuevo asistente, haz un plan para pagar tus deudas y exígete a ti mismo ganar ese dinero. No llegas a ninguna parte estando sentado dentro de tu zona de confort. Recibe y gasta el dinero con fe y gratitud de que va a regresar a ti, mantén tu frecuencia elevada y tu atención firme, exígete hacer todo lo necesario —especialmente dar saltos mucho más aterradores a nuevas alturas— para recuperar el dinero, y no te detengas hasta lograrlo.

PARA HACERTE RICO

Mantra de dinero sugerido (dilo, escríbelo, siéntelo, hazlo tuyo):
Amo el dinero porque soy una máquina de hacer dinero valiente y chingona.

1. Anticipa tus obstáculos. La duda es como la pequeña hebra que jalas y que desbarata el suéter entero. Ten en claro las tres cosas más importantes que podrían traer dudas a tu determinación y prepárate para atajarlas de frente de modo que no tengan poder sobre ti. (Ejemplo: *mi esposo no va a apoyarme.* Ten un mantra preparado: *solo yo conozco mi propia verdad y sé en lo profundo de mi ser que soy rico.* Escribe los obstáculos y escribe las soluciones).

2. Eleva tu límite inferior. Muy a menudo, nuestro músculo de la decisión solo entra en acción cuando estamos entre la espada y la pared y tenemos que conseguir el dinero: debemos la renta,

necesitamos una cirugía, la mafia toca a nuestra puerta con un pagaré. Decide qué cantidad será tu nuevo límite inferior de modo que ya no sea cero. Digamos que son 500 dólares. Tienes que tener 500 dólares en tu cuenta bancaria en todo momento, y en el instante en el que te acerques a esa cantidad, haz sonar la señal de alarma para mejorar tu juego y traer más dinero de modo que no quedes por debajo de esa suma. Luego mantente elevando tu límite inferior aproximadamente cada mes y pronto ya no estarás batallando.

3. Gasta el dinero en nuevas formas. Compra algo extravagante para elevar tu frecuencia y recuérdate que estás en el flujo y que el dinero es un recurso renovable. Algo costoso, emocionante, algo que no lleve a la quiebra al banco pero que se sienta lujoso, que tenga un significado importante para ti y te inspire a hacer cosas grandes.

4. Toma una decisión importante, espeluznante, atemorizante y no negociable en este momento que te lleve hacia tu meta financiera y llévala a la práctica. Y me refiero a ahora mismo. Algo a lo que le has estado dando vueltas en la cabeza y que sabes que cambiaría radicalmente tu mundo pero que te ha dado mucho miedo llevar a cabo. No te duermas, porque camarón que se duerme se lo lleva la corriente. No hay ningún momento como el presente.

Por favor, llena el espacio en blanco:

Estoy agradecido(a) con el dinero porque _____
_____.

CAPÍTULO 9

ARRIBA Y ADELANTE

Cuando tenía como 20 años me mudé a Barcelona, España, con un grupo de amigos de la universidad. Rentamos un departamento deteriorado en una parte oscura de la ciudad, arrastramos nuestros muebles por la acera, bebíamos a morir, vivíamos como puercos, nos la pasábamos vagando toda la noche y teníamos fiesta todos los días.

Como España está a unos pasos de Italia, un fin de semana decidí tomar el tren a Nápoles y visitar a mi familia paterna. Estaba ansiosa por irme de fiesta en aquel antiguo país con mi prima Valentina, echar un ojo a los alrededores, conocerla mejor y llevarle el gigantesco montón de mota que había guardado para ella dentro de una caja de tampones.

Cuando llegué, descubrí, para horror mío, que nuestra grandiosa noche de sábado involucraba reunir a un montón de amigos y pasear por la plaza, comer helado y ver pasar a las personas. Si nos sentíamos especialmente alocados, regresábamos y nos comíamos otro helado. Era como ir a rehabilitación. Aunque estaba muy decepcionada, no podía evitar sentir una punzada de vergüenza cada vez que pasábamos junto a un grupo de tambaleantes veinteañeros estadounidenses gritando, borrachos, «'o sole mio» en las calles.

A diferencia de mí, como estadounidense, Valentina creció con una botella de vino en la mesa del comedor y no se topaba con una ceja levantada y un: *¿qué demonios piensas que estás haciendo?* si su joven mano se estiraba para tomarla. Esa es, en parte, la razón por la que tenía salidas totalmente al estilo Annette Funicello, y la razón por la que yo estaba a punto de despertar en la sala de emergencias con un tubo de lavado de estómago metido por mi garganta. Y la razón por la cual regresé a casa con la mota intacta.

Para ella, el alcohol no era gran cosa; formaba parte de la vida diaria. Una botella de vino tenía el mismo factor de emoción que la hogaza de pan que se encontraba junto a ella en la mesa. Para mí, sin embargo, era un tabú, algo peligroso, tan excitante e irreverente como fumar cigarrillos o llamar a los padres de las personas por su primer nombre. Tenía más de 21 años, y ya no tenía que obedecer a nadie, podía hacer lo que se me pegara la gana y eso era lo que hacía, sin importar las náuseas que me produjera.

Nuestro medio ambiente moldea toda nuestra vida, desde nuestros hábitos hasta nuestra situación financiera y nuestra apariencia física, y entre más estamos sumergidos en cierto entorno, más influencia tiene sobre nosotros. ¿Alguna vez has notado cómo las personas comienzan a parecerse a sus perros después de un tiempo? ¿O cómo comienzas a decir jitomate en lugar de tomate si pasas un tiempo en México? Y, no sé tú, pero yo tengo un clóset lleno de cosas que compré durante las vacaciones: un suéter de lana tejido que pesa 10 kilos que compré en Islandia, anillos para todos los dedos de los pies que compré en la India, un sombrero de paja que compré en Vietnam que me hace parecer como una de esas sombrillas que se ponen en las bebidas, todos los cuales utilicé mientras estaba fuera de casa, y ninguno de los cuales ha dejado mi clóset ahora que estoy en ella.

En lo que se refiere al dinero, con quién y con qué te rodeas tiene un enorme efecto sobre cómo percibes el dinero y cómo te sientes en relación con él. Tu medio ambiente te ayuda a definir lo que consideras que es caro o barato, una compra inteligente o estúpida, y cuánto te permites ganar. De hecho, este es un ejercicio aleccionador: toma el ingreso promedio de las cinco personas con las que más convives y muy probablemente encontrarás el tuyo.

Si me hubiera quedado en Italia y hubiera convivido con Valentina, probablemente habría evitado los diez kilos de inflamación por alcohol que subí en Barcelona y todavía tendría el brazalete que mi abuela me dio y que perdí en una apuesta en un juego de dardos estando borracha una noche (soy pésima para los dardos, ¿en qué estaba pensando?). No obstante, en aquella época en mi vida me juntaba con una banda de borrachines, me enorgullecía de mi récord imbatible de tomar una cerveza entera en menos de diez segundos y no estaba interesada en las cosas sutiles de la vida como la buena salud y despertar en lugares a los que recordaba haber entrado.

Sin pensar demasiado, aceptamos nuestro ambiente como la «realidad», como la forma en la que se ve la vida normal: ¿acaso no todo mundo sabe cómo beber cerveza directamente del barril? Esa es la razón por la que, cuando decides elevar tu ingreso y tu estándar de vida, es importante que te coloques en el nuevo ambiente que intentas crear para ti de la mejor forma posible: no solo te saca de tu antigua forma de pensar, creer, y ser, sino que le da al nuevo entorno la oportunidad de comenzar a tener un efecto sobre ti y empezar a convertirse en tu nueva idea de lo normal en lugar de pensar: *¿actuar como si…? ¿Yo?*

Ve y haz la prueba de manejo del auto que te encantaría conducir, y hazlo cada semana. Camina por las tiendas en las que estés ansioso por comprar y pruébate ropa. Recorre los vecindarios en los que un día comprarás una casa y escoge los que más te gustan. Pasea por la terminal internacional del aeropuerto, ve al puerto y observa los botes, ve documentales sobre personas que practican el rafting por el Gran Cañón, aparécete en los días de cortesía en el gimnasio al que vas a inscribirte: sea lo que sea que te emocione, ve y empápate de ello.

Allá en la época en la que no tenía dinero, vivía en Los Ángeles, muy al este, en un vecindario que no me gustaba pero que podía pagar. Valientemente atravesaba la ciudad en medio del tráfico varias veces a la semana para pasar un rato en un vecindario que se encontraba totalmente al oeste, cerca de la playa, y en el cual en verdad quería vivir pero que sentía demasiado costoso. Me encantaba la idea de vivir cerca del mar, escuchando las olas golpear mientras yo tomaba una siesta, hacer largas caminatas mientras el sol se reflejaba en el agua, esperando en la fila en el banco junto a chicos en trajes de baño mojados sosteniendo tablas de surf bajo sus brazos. Así es como quería vivir. El único problema era que esa era la forma en la que muchas personas querían vivir, y encontrar un lugar donde vivir junto a la playa costaba, básicamente, el doble de lo que estaba pagando en aquel momento en el vecindario que detestaba. O, al menos, eso es lo que todo mundo decía, incluyendo Craigslist.

De cualquier manera, conducía durante 35 minutos a la playa casi cada tercer día, me sentaba en una cafetería en el vecindario donde quería vivir y fingía que simplemente había caminado hasta ahí desde mi casa. A todo mundo que se detenía a hablar conmigo unos instantes le decía que estaba buscando un departamento, pegaba folletos en la pared, leía los obituarios, se lo dije a todos mis amigos y les pedí que les dijeran a sus amigos: hice absolutamente todo excepto un letrero en forma de sándwich y entregarle mi número telefónico a las personas en la banqueta. Durante varios meses, no pude encontrar nada en ninguna parte cerca de mi rango de precios, y, luego, un día algo apareció en Craigslist que estaba a tres cuadras de la playa y solo costaba 100 dólares más de lo que ya estaba pagando. Parecía demasiado bueno para ser verdad, y cuando fui a la muestra de la casa, estaba atiborrada de gente, porque, aparentemente, todo mundo pensaba también que era demasiado bueno para ser verdad. Sin embargo, el anuncio no mentía: estaba a tres cuadras de la playa, era extremadamente barato para esa parte de la ciudad, y era «acogedor». Lo que el anuncio no decía era que el último inquilino había sido un Toyota Corolla, porque el departamento solía ser una cochera. Una cochera para un solo auto, dejémoslo claro. Sin embargo, yo quería vivir junto a la playa y este lugar era mi boleto de entrada, así que escribí una nota de amor sobre el departamento en mi solicitud, llamé al arrendador y le dije lo seria y ordenada que era, me aparecí al día siguiente cuando él estaba pintando el lugar y le llevé un sándwich de pastrami en pan de centeno y, finalmente, probablemente solo para que lo dejara en paz, me lo rentó a mí.

Estoy consciente de que mudarme al garaje individual de mis sueños no es una historia de éxito financiero tan atractiva, pero la razón por la que estoy compartiéndola es porque fue un trampolín importante. Me colocó en el ambiente en el que tanto deseaba vivir y fue a partir de eso que di mis primeros grandes pasos hacia ganar dinero en serio, lo cual dio como resultado que me mudara del garaje a una casa verdadera poco tiempo después. Sin embargo, mientras me encontraba en aquella cochera, la arreglé lo mejor que pude, pinté las protecciones de las ventanas de un lindo color blanco brillante, hice móviles con conchas y piedras y los colgué de los conductos de ventilación en el techo y cubrí las grietas de las puertas torcidas del garaje con cuadros que compré en la tienda de dólar y los llené con fotos de mis amigos. El hecho de que pudiera oler y escuchar el mar, que pudiera andar en bicicleta por todas partes y nadar cuando quisiera marcó una diferencia enorme en mi energía y en mi perspectiva sobre la vida. Me sentía inspirada, feliz y en mi elemento, y también había probado a todos, incluyéndome a mí misma, que podía hacer lo imposible: encontrar un departamento económico en Venice Beach.

Somos seres energéticos movidos por emociones, así que si tu entorno te deprime resulta fundamental que hagas lo que sea que esté a tu alcance para alegrar las cosas. Aplica una nueva capa de pintura, limpia las ventanas, cuelga imágenes de revistas de lugares en los que te gustaría vivir o visitar y obsérvalas todo el tiempo, compra algunas plantas, arregla tu desorden, coloca un lindo edredón sobre tu sofá raído y si tienes sábanas cubriendo las ventanas, por favor, compra unas malditas cortinas. Tengo algunos amigos que están preparándose para vender su casa así que la limpiaron toda, pintaron la puerta trasera oxidada, cortaron el césped, arreglaron todos los hoyos de las paredes, hicieron todas estas cosas para arreglarla y venderla y se mortificaron por no haberse molestado en hacerlo mientras vivían ahí porque cambió por completo cómo se sentía el lugar.

No necesitas gastar toneladas de dinero o tiempo en hacerlo —las pequeñas cosas pueden marcar una diferencia enorme— y esto es mucho más que una aventura en la tierra de Marta Stewart. Es una inversión en tu potencial. Pueden crecer cosas bellas a partir del fango, pero no sin el alimento y la energía apropiados. Las cosas son tan desaliñadas como tú quieras que sean, así que toma un día y ocúpalo en buscar elevar la frecuencia de tu entorno.

Esto se aplica a todo en tu ambiente físico. La ropa que vistes, la comida que comes, la música que escuchas, los lugares que visitas: hazte perfectamente consciente de lo que te da alegría y participa deliberadamente en esas cosas lo mejor que puedas y deshazte de aquello que te deprime o te hace bostezar.

Una amiga me contó una historia muy graciosa sobre una compañera de cuarto francesa que un día la observó mientras se cambiaba y le dijo con su marcado acento parisino: «tu ropa interior me hace creer que estás triste y odias tu vida». Mi amiga volteó a verse sus prácticas pantaletas de algodón que se había comprado en un paquete de cinco en una tienda de descuentos y pensó: *pero si son bikinis; al menos no son las de corte alto como las que usan las abuelitas, ¿acaso eso no cuenta?*

La parte más importante de tu entorno de la que debes estar consciente son las personas de las que te rodeas. Especialmente cuando apenas estás empezando a flexionar tus nuevos músculos de la fe, cuando estás superando todas tus dudas, miedos y preocupaciones y está entrando dinero real en tu vida. Necesitas toda la fortaleza posible, y no existe mayor marea negra que el compañero, el amigo o el miembro de la familia que te lanza un comentario muy poco práctico en tu camino, del tipo: «acabo de leer un artículo acerca de cómo cuatro de cada cinco nuevos restaurantes no logran tener éxito. Podrías perder todo lo que tienes si la idea de tu restaurante fracasa».

···

Nada desinfla nuestro balón de la fe más que
el puntiagudo alfiler de un amigo.

···

Haz un esfuerzo por rodearte de personas que te animan y te ofrecen su apoyo y no que te lanzan una sarta de estupideces como: «¡buena suerte con eso!», o el típico: «te digo todas estas cosas (negativas) porque me preocupas; solo estoy tratando de ayudar». Básicamente lo que te están diciendo es: «soy pequeño y tengo miedo y estoy arrojándote todas esas cosas, pero no puedes objetarlo porque significa que me preocupo». La gente preocupona, sin fe, fanática, con una vibra baja, los que piensan en pequeño, los quejumbrosos, los detractores, los llorones, los que refunfuñan de todo, los cascarrabias y los miedosos, ellos no son el tipo de persona con quienes quieres compartir tus sueños.

El problema es que mejorar el entorno en el departamento de recursos humanos es un poco más desafiante que colocar algunos tapetes o plantar girasoles en tu jardín, especialmente si resulta que las personas menos positivas tienen una relación contigo. Es uno de los enigmas más comunes y molestos por los que atraviesan las personas cuando deciden hacerse ricas, así que no estás solo si te estás preguntando qué diablos tienes que hacer.

Esto es lo que puedes hacer cuando tus amigos son negativos, temerosos y no apoyan tus locuras:

- No trates de cambiarlos. Aliéntalos, ámalos, dales consejos cuando te los soliciten, diles que piensas que son la neta del planeta, pero no hagas que tu proyecto sea tratar de lograr que vean la luz. En primer lugar, no puedes obligarlos a hacer nada a menos que ellos estén dispuestos a evolucionar. Si están atrapados en el miedo por los cambios que harás en tu vida, y si tienen miedo de cambiar su propia vida, ellos despertarán cuando estén listos para hacerlo y no cuando tú les digas que lo hagan. En segundo lugar, es su viaje, su decisión y su forma de vivir la vida. En tercer lugar, pondrás de malas a todos los involucrados porque te sentirás frustrado y ellos se sentirán atosigados.
- Dirige por medio del ejemplo. En lugar de decirles qué deberían y no deberían hacer, trabaja en ti, conviértete en la

mejor persona que puedas ser, y si te preguntan cómo lo hiciste, haz todo lo que puedas por ayudarlos, y si no preguntan, déjalos en paz.

- No compartas tus sueños con ellos ni el trabajo que estás haciendo en ti si han dado muestras de que no van a apoyarte o de que van a lanzarte en el rostro sus dudas y preocupaciones. ¿Qué objeto tiene? De todas formas vas a quererlos y a estar con ellos, así que no los involucres en esa parte de tu vida.

- Júntate con personas exitosas, que entienden y apoyan el camino en el que te encuentras, que son tu nueva tribu. Si no conoces a ninguna persona así, búscala. Investiga cómo hacerlo. Asiste a seminarios de *coaching*, encuentra personas en las redes sociales, toma clases, comienza un grupo de lectura de autoayuda; si te lo tomas en serio, encontrarás a esas personas.

Cuando las personas a las que amamos no apoyan el viaje en el que nos encontramos resulta algo un tanto insoportable porque, caray, ¿qué es más importante que las personas que amamos? Nuestra conexión con ellas es una de las cosas más importantes que tenemos, y cuando comenzamos a crecer y a cambiar y ellos no nos acompañan, a menudo se destapa una enorme lata de gusanos para todos los involucrados. Desencadena el gran miedo humano que subyace a todos los demás miedos: *me van a abandonar* (las personas, todo lo que me resulta familiar, mi identidad, mi vida = voy a morir, etc.). Y la realidad es que, si vamos a florecer plenamente para convertirnos en quienes somos verdaderamente, tenemos que estar dispuestos a dejar ir estas relaciones.

NOTA IMPORTANTE SOBRE DEJAR IR A LAS PERSONAS: Estar dispuesto a dejar ir a las personas no significa que se irán definitivamente. Sin embargo, no puedes aferrarte al antiguo tú y a tus antiguas relaciones y convertirte en el nuevo tú al mismo tiempo. Tienes que escoger uno o lo otro: aferrarte y quedarte, o crecer y soltar, y ver si te acompañan en el camino.

Todo el tiempo he visto suceder ambas cosas. He visto incontables matrimonios derrumbarse cuando uno de los miembros de la pareja avanza y el otro se queda atrapado en el miedo, y he visto personas unirse más de lo que jamás habrían imaginado gracias a que ambos se abrieron a la persona en quien se estaban convirtiendo (algunas veces toma algún tiempo que la otra persona llegue a estar de acuerdo, pero no siempre). No sabes qué es lo que va a ocurrir; no tienes ninguna garantía de que alguien en tu vida va a asustarse o a reírse de ti o a tener una epifanía y va a acompañarte en tu alegre viaje hacia la magnificencia. Tratar de componer los resultados, negarte la realización de tus sueños, no atreverte a dar pasos grandes de modo que las personas a tu alrededor no digan «que te crees mucho» es una auténtica pérdida de tiempo (y de tu vida). Enfócate en ti y en lo que te hace saltar de emoción, porque no vivir tu vida no es vivir.

....

Cuando sucumbes ante el miedo caes bajo la ilusión
de que puedes predecir el futuro.

....

Desperdiciamos demasiado tiempo permitiendo que nuestros miedos nos dominen ¡y la mitad del tiempo nuestros miedos y dudas ni siquiera tienen un resultado satisfactorio! Podrías pensar que para este momento ya lo habríamos entendido. Enfócate en tus deseos, no en tus miedos, y confía en que todo se acomodará tal y como debe ser. Lo que ocurre a medida que creces y cambias es que vas quitando las capas de tu antiguo yo, y las cosas que tienen una naturaleza inferior desaparecen con el fin de hacer espacio a cosas de una naturaleza superior. Puede tratarse de partes de tu antigua identidad; puede ser esa vieja bata de baño que te niegas a desechar y que has tenido desde la universidad; podría ser una relación que ya no te sirve a ti o a la otra persona (aquí «naturaleza inferior» significa personas/cosas que has superado y que no están alineadas con la persona en la que te estás convirtiendo; por cierto, no significa que de pronto estás por arriba o eres mejor que alguien/algo). Sea lo que sea de lo que te estás despojando, debes renunciar a lo inferior para hacer espacio para lo superior si quieres crecer.

A continuación te presento algunas formas clave en las que juntarte con personas de una frecuencia elevada te ayudará a hacerte rico.

ELEVAN TU ENERGÍA

Piensa cómo te sientes después de escuchar una charla de un orador particularmente inspirador o después de salir a pasear con un amigo que está emocionado por su negocio y que comparte contigo ideas brillantes mientras toman una cerveza en su terraza o cuando, en general, la pasas extraordinariamente bien haciendo lo que haces con personas maravillosas: es como si pudieras levantar un auto por los aires por lo entusiasmado que estás. Y piensa cómo te sientes cuando estás con personas que se quejan sobre lo estúpido que es su jefe o lo imposible que resulta encontrar una buena niñera o lo fastidiados que estamos todos porque la seguridad social va a desaparecer para cuando la necesitemos. Es como si vaciaran un cesto de calcetines mojados en tu regazo. Somos criaturas energéticas y cuando has hecho el compromiso de cambiar tu vida y hacerte rico, una de las cosas más importantes que puedes hacer es ser muy firme en relación con el tipo de energía a la cual te sometes. Rodéate de personas cuya energía te ilumine y eso te fortalecerá para volverte rico.

FORTALECEN TU FE

Estar rodeado de personas que tienen confianza en sí mismas y tienen una actitud positiva hacia la riqueza y a quienes respetas te da permiso de creer que también hay abundancia disponible para ti. No importa lo imposible que pueda parecer una situación, una persona súper confiada que cree en algo a pie juntillas es una fuerza de la naturaleza que puede inspirarte a alcanzar grandes alturas.

Solía irme de mochilazo con unos amigos que me llevaban constantemente en medio de la nada a las áreas desérticas de la parte sureste de Utah. Cómo le hacían para saber hacia dónde se dirigían y cómo traernos de vuelta era un absoluto misterio para mí. Solíamos comenzar el viaje por un cañón, caminábamos hacia una enorme extensión de arena, escalábamos peñascos interminables, subíamos por un río, atravesábamos el oleaje y luego, cinco días después, pum, salíamos justo donde el auto estaba estacionado.

En uno de esos viajes contratamos a una señora que conducía un jeep y nos dejó en la boca de un cañón. Cuando nos reunimos con ella en su garaje nos dijo que había un enorme nido de víboras de cascabel justo en el cañón al que nos dirigíamos, y que el lugar estaba atestado de ellas. Mis amigos la escucharon, completamente impávidos, mientras subían sus cosas al jeep. Yo me retorcía como si estuviera viendo una película de terror y la futura víctima no se estuviera dando cuenta de que la voz viene del interior de la casa. *¡Dijo víboras de cascabel! ¡Que salieron de sus cascarones! ¡Montones de ellas! ¡En nuestro cañón!* Esta mujer sabía de lo que hablaba; estaba tan arrugada y curtida como las paredes mismas del cañón, pero mis amigos simplemente la dejaron finalizar su historia sobre las serpientes como si tuvieran que soportar su descripción de la payasada que su perro había hecho esa mañana, y le preguntaron si había algo de agua ahí o si tendríamos que llevar nuestra propia agua.

Yo confiaba plenamente en mis amigos y tenía fe absoluta en ellos, así que si ellos no tenían miedo de pasar sus últimos momentos en la Tierra con veneno de serpiente fluyendo por sus venas, entonces yo no tenía miedo. Me agarré de mi fe y salté al cañón detrás de ellos, emergiendo seis días después sin una sola mordida y sin haber visto una sola víbora de cascabel.

....

La fe es contagiosa.

....

Rodéate de personas que tengan una fe inamovible en sí mismas, en ti y en nuestro Universo abundante y eso te ayudará a dar los enormes pasos que necesitas dar para hacerte rico.

TE HACEN SER MEJOR

Si te juntas con personas que están haciendo dinero en formas extraordinarias y felices, no solo verás lo que es posible para ti sino que te motivarán a impulsarte a ti mismo. Si te juntas con personas que se están rascando el ombligo en el sofá todo el día te sentirás como un héroe por el solo hecho de llevar tu ropa a la lavandería.

La competencia saludable es algo maravilloso. Rodéate de personas que están jugando su mejor juego y tú también querrás hacer lo mismo.

TE HACEN MÁS PODEROSO

Existe una magnífica historia sobre un ejército que está a punto de cruzar un puente y el capitán dice a sus soldados que rompan filas porque si están todos en sincronía el ímpetu va a provocar que el puente se doble, que es justo lo que hacen los puentes justo antes de romperse. Las personas que se mueven al unísono en grupo crean una fuerza extraordinaria lo suficientemente fuerte como para partir un puente a la mitad. Juntarte con personas chingonas y compartir tus recursos, tus ideas, tus contactos, tus conocimientos, tu entusiasmo y tus bocadillos puede llevarte mucho más lejos y mucho más rápido que cuando trabajas por tu cuenta. Rodéate de personas generosas, creativas, que piensen en grande y maximizarás tus oportunidades de volverte rico.

CELEBRAN LA PERSONA QUE ERES

Todo mundo dice que sabes quiénes son tus verdaderos amigos cuando te encuentras desesperado y las cosas tocan fondo. Sin embargo, quiero expresar mi reconocimiento a los amigos que se quedan contigo cuando te está yendo fenomenal. Cuando estás atrapado en un agujero y las personas vienen a tu rescate, tienen la oportunidad de sentirse útiles, salvar la situación, ser héroes. No me malinterpretes, es algo hermoso y esencial cuidar unos de otros, y estoy profundamente agradecida con todas las personas que alguna vez me han ayudado cuando me he encontrado hundida en el pantano, pero siento que es necesario decir más sobre aquellos amigos que de forma desinteresada te animan cuando estás teniendo un éxito enorme. Especialmente si a ellos mismos no les está yendo tan bien. Tu éxito los fuerza a observar su vida y a pensar en lo que podrían hacer de forma distinta, lo cual normalmente hace que las personas se sientan bastante malhumoradas. Rodéate de personas que te apoyen y celebren tus éxitos pase lo que pase.

HISTORIA DE ÉXITO: SI ELLA PUEDE HACERLO, TÚ TAMBIÉN.

Jill, de 42 años, pasó de ganar un promedio de 2500 dólares al mes a un promedio de 45000 dólares al mes:

Cuando era la número uno en reclutar para mi compañía de ventas directas solo estaba ganando de 2000 a 3000 dólares al mes.

Decidí comenzar a asesorar a los vendedores directos sobre estrategias de redes sociales y ahora gano un promedio de 40000 a 50000 dólares al mes, y mi meta de crecimiento es duplicar esa cantidad para el año próximo.

En las ventas directas/mercadeo de redes es muy fácil creer en una mentalidad de acaparador, lo cual significa «es preferible acaparar mi conocimiento/información/contactos porque si los comparto alguien competirá contra mí». Yo enseño la mentalidad de abundancia. Esto tiene que ver en un 100% con creer que existe suficiente para todos y que el Universo te recompensará por compartir lo bueno. Tengo decenas y decenas de ejemplos de clientes que han construido negocios basándose en una mentalidad positiva y orientada a la abundancia, aun cuando existen miles de vendedores que venden los mismos productos en línea.

Yo no tenía problemas importantes en relación con el dinero. Mis desafíos eran más bien de naturaleza táctica. Tenía algunas ideas sobre cómo quería que se manifestaran los resultados pero no sabía qué herramientas o sistemas necesitaba. Invertí en un *coach* de negocios y contraté personal de apoyo antes de ganar el dinero suficiente para justificarlo. Quería tener los sistemas preparados para poder escalar rápidamente, lo cual hice. Ahora me encuentro en el punto en el que nuevamente voy a elevar mis tarifas a fin de año porque he creado regalos para apoyar a la parte baja de mi mercado.

Tengo un grupo muy hermético de amigos y ellos son mis porristas, mis compañeros de rendición de cuentas y mi junta consultiva. También medito, leo y soy famosa por llorar cuando me asusto. Luego trato de pensar: *¿es este el ejemplo que quiero ser para mis clientes?* Enseño una filosofía de VALENTÍA. En las ventas directas estás compitiendo contra muchas otras personas que venden los mismos productos o servicios. Así pues, ¿qué hará que destaques entre ellos? Ser VALIENTE y diferente: en línea, en persona, con confianza y aplomo. Practica veinte segundos de absoluta valentía y ocurrirán cosas sorprendentes. Busca un *coach* de negocios y haz la inversión. Sigue su consejo al pie de la letra, cambia tus sistemas, cambia de ruta y hazlo.

Mi esposo y yo nos guiamos por la creencia de que el dinero no te hace feliz; el dinero te da opciones. Hemos podido pagar nuestras deudas, viajar, invertir en nuestros ahorros y nuestro retiro. Sin embargo, no creo que el dinero nos haya cambiado.

PARA SER RICO

Mantra de dinero sugerido (dilo, escríbelo, siéntelo, hazlo tuyo):
Amo el dinero porque me acerca más a quien verdaderamente soy.

1. Crea un tablero de visión. Recorta imágenes de lugares, cosas, experiencias, del tipo de personas que te emociona tener en tu nueva y más rica vida y cuélgalo en un lugar en el que lo veas a menudo.

2. Haz una lista de todas las cosas que tal vez tendrías que abandonar en tu sendero hacia la riqueza. Piensa en personas, objetos, antiguas identidades, etcétera; si no te traen alegría e inspiración, deshazte de ellos o aléjate de ellos (en lugar de luchar por mantenerlos). En el caso de las personas que hay en tu vida, comienza lentamente y déjalos ir con amabilidad. Tal vez no se trata de compartir tus sueños y victorias con ellos si no pueden manejarlo o tal vez implica dejar ir la necesidad de forzarlos a que vean las cosas como tú las ves y tratar de cambiarlos, o tal vez implica convivir menos con ellos. Observa específicamente qué no estaba funcionando entre tú y ellos y realiza algunos cambios. Esto dará a todos un espacio para ser quienes quieren ser frente a tu transformación, y abrirá un espacio para que lleguen personas y cosas de frecuencia elevada a tu vida.

3. Mejora tu entorno. Presta atención a cómo te hacen sentir las cosas de las que te rodeas. Escoge al menos una de las siguientes áreas y mejórala de una forma que te brinde todavía más alegría y energía:
   - Tu casa
   - Tu auto
   - Tu ropa
   - Tu apariencia en general
   - Tu rutina de ejercicios
   - La comida que comes

- La música que escuchas
- Las noticias a las que les prestas atención

4. Haz dos nuevos amigos de alta vibración. Hazte una idea clara de los detalles de cómo serían y cómo te hacen sentir y escríbelo. Luego, utilizando las sugerencias que te he presentado en este capítulo, haz un esfuerzo consciente por encontrar personas con una frecuencia elevada y con una conciencia de riqueza y rodéate de ellas. Ten fe y gratitud porque existen, haz todo lo que puedas por encontrarlas y ten presente que también ellos te están buscando a ti.

5. Comienza un grupo de mentes maestras con una o dos personas. Hagan una reunión telefónica una vez a la semana, da a cada persona una cantidad específica de tiempo para que haga una lluvia de ideas y se enfoque en sus metas para hacerse rica (normalmente el tiempo es de 15 a 30 minutos) antes de seguir con la siguiente persona. ¡Haz esto únicamente con personas chingonas y de vibración elevada!

Por favor, llena el espacio en blanco:

Estoy agradecido(a) con el dinero porque _____
_____.

CAPÍTULO 10

Y AHORA, UNAS PALABRAS DE PARTE DE MI CONTADOR

Fui muy afortunada de crecer en un vecindario suburbano seguro con mucho espacio para vagabundear y una tribu de niños más o menos de mi edad. Solíamos construir fuertes junto al río, hacer nidos en los árboles, deslizarnos en trineo por la enorme colina del señor Randall, atrapar luciérnagas en frascos, jugar a patear latas, encerrar a mi hermana pequeña y sus amigos en el clóset y darles órdenes: 1) Traigan cada uno dos sándwiches de mantequilla de cacahuate y mermelada, sin las orillas y con el doble de mermelada que de mantequilla de cacahuate. 2) Quítense los calzoncillos y pónganselos en la cabeza. 3) Hagan una llamada telefónica falsa a la pizzería y ordenen a nombre de la señora Malloch (la anciana que vive al otro lado de la calle) dos calzones de salchicha. Tienen 10 minutos. Por cada minuto que se pasen del tiempo tendrán que comerse una galleta para perro. ¡VAMOS! ¡EL CRONÓMETRO ESTÁ CORRIENDO!

Nuestra casa era a menudo el centro de acción por diversas razones, siendo las más importantes que teníamos una mesa de ping pong, mi mamá compraba Twinkies y ahí estaba el libro de los quemados. El libro de los quemados era uno de muchos en una pila de libros de medicina que mi papá mantenía en su estudio, y contenía las imágenes más horripilantes que pudieras imaginar de las tragedias que ha sufrido el cuerpo humano. Fotografías enormes, brillantes y bien iluminadas de personas en el hospital con la mitad del rostro desfigurado, gigantescas pústulas llenas de escamas en los brazos, un pie gangrenado como un malvavisco quemado. Solíamos amontonarnos y quienquiera que ganara el volado lo abría o lo hojeaba o hacía que todos vieran una fotografía particularmente macabra. Jamás sobrepasamos el minuto o dos antes de cerrar de golpe el libro y salir corriendo llorando, agarrándonos la cabeza.

Era demasiado orgullosa como para admitirlo, pero detestaba el libro de los quemados. Me asustaba ver esas fotografías, imaginarme el enorme dolor que padecían esas personas. Más de una vez tuve una pesadilla en la que me veía en el espejo y veía mi propio rostro desfigurado. Sin embargo, lo que en esencia no podía soportar ver era el dolor, y, todavía hasta hoy, me paralizo cuando me enfrento con la más mínima lesión, ya sea mía o de alguien más. Mi más reciente percance, donde tuvieron que arrancarme toda la uña del dedo gordo —no voy a entrar en los detalles porque no fue algo lindo y sí fue muy sangriento— se salió completamente de toda proporción. El doctor limpió el dedo y lo envolvió en varios kilómetros de gasa y cinta adhesiva, y caminé durante varias semanas con lo que parecía un mazo para tocar el gong adherido a la parte frontal de mi pie. Si fuera un adulto racional habría quitado la gasa dos o tres días después y la habría reemplazado con algún ungüento y una simple bandita adhesiva, pero elegí seguir renqueando, bañarme con el pie metido en una bolsa de plástico y favoreciendo el calzado abierto por tanto tiempo como pudiera de modo que no tuviera que quitarme el montón de gasa mugrosa y enfrentar lo que estaba debajo.

Así es como actúan muchas personas que están en bancarrota en lo que se refiere al dinero. Preferimos andar de cojito adheridos a nuestras relaciones desgastadas y dañinas con el dinero, temerosos de que si quitamos las capas no podremos manejar lo que veremos debajo. Sin embargo, al enfrentar lo que sea que esté debajo —ya sea nuestra culpa por querer más dinero o nuestras inversiones mal manejadas o nuestros poco impresionantes planes para hacernos ricos— (una vez que le prestamos atención y lo desenmarañamos) nos fortalecemos para terminar con la tortura. Nuestro intento de evitar el dolor se vuelve contra nosotros todo el tiempo. No queremos sentir la vergüenza y las sensaciones extrañas que tenemos en relación con volvernos ricos así que permanecemos en la quiebra y constantemente sentimos vergüenza y nos sentimos raros en lo que toca a nuestra falta de dinero. No queremos sentir el estrés involucrado con manejar grandes sumas de dinero así que permanecemos en la quiebra y constantemente nos preocupamos por el dinero. No queremos que el dinero sea el principal foco de atención de nuestra vida porque sentimos que otras cosas son mucho más importantes, así que permanecemos quebrados y desconectados de nuestras finanzas y, como resultado, constantemente estamos preocupándonos/pensando en el dinero, prácticamente más que en cualquier otra cosa.

....

Una broma del destino muy poco graciosa:
en un intento por protegernos del dolor perpetuamos
conductas que crean justo el dolor que estamos
tratando de evitar.

....

Gracias a nuestro amor por la evitación, la persona promedio pasa más tiempo averiguando cuál es el ángulo perfecto para tomar la selfie más sexy que averiguando qué quiere verdaderamente de la vida, cuánto costará y cómo aumentar sus ingresos para hacer que eso ocurra. En lo personal, durante décadas renegué y me quejé de lo quebrada que estaba, de lo frustrada que estaba y de cómo no podía ver una salida. Sin embargo, mi capacidad de concentración en lo referente a ser específica acerca del dinero que necesitaba, el hecho de aplicarme, de comprometerme a aprender nuevas habilidades o asumir grandes riesgos, eran, literalmente, inexistentes. Yo era Su Majestad, la reina de la Negación. No tenía ni idea de cuál era mi ingreso mensual o lo que estaba ganando cada mes; yo simplemente apretaba los ojos, me agarraba fuerte y esperaba llegar a fin de mes sin que me hubieran cortado el servicio telefónico. Yo, como muchas personas, trabajaba muy duro como escritora independiente porque «eso es lo que hacía» y «es la única forma que conozco de hacer dinero». En lugar de dedicarme a buscar más «chambas» de escritura, habría invertido mucho mejor mi tiempo si hubiera dado un paso atrás, sacado las cuentas y aceptado que me encontraba en un callejón sin salida. Veinticuatro horas en un día + solo yo escribiendo + cobrar 40 dólares la hora = estoy cansada, de mal humor y doy propinas sumamente bajas.

Se nos enseña que si seguimos trabajando duro de algún modo el dinero vendrá. Si esto fuera cierto, todas las personas ricas estarían rojas del esfuerzo y tratando de recuperar el aliento en lugar de estar navegando en su yate. Cuando nos enfocamos en el dinero en lugar de trabajar a morir, y tenemos muy claro cuánto deseamos ganar y lo que podemos hacer diferente para hacer que eso ocurra abrimos la puerta a nuevas libertades.

. . . .

El elemento más importante que detiene a
las personas es la resistencia al cambio.

. . . .

Tienes que estar dispuesto a sacrificar algo si quieres cambiar tu situación financiera. Así de simple. Tal vez tengas que hacer a un lado tu ego y pedir ayuda a un mentor o un *coach*; tal vez tengas que aceptar un trabajo que no es precisamente el trabajo de tus sueños como un trampolín para llegar a donde quieres llegar; tal vez tengas que triplicar tu tarifa, hacer llamadas de ventas a personas que nunca han oído hablar de ti, gastar dinero que te da miedo gastar, aceptar un trabajo donde sientes que no tienes ni idea de qué diablos estás haciendo e ir descubriéndolo sobre la marcha. Si estás yendo a lo seguro y quieres ser rico, necesitas dejar de jugar a lo seguro. Necesitas cambiar tu atención del punto en el que te encuentras y lo que puedes soportar perder y obsesionarte con los pensamientos de dónde quieres estar y todo lo que tienes por ganar. Necesitas jugar para ganar en lugar de jugar para no perder.

Por ejemplo, conozco a una persona que tiene un trabajo estable y bien pagado que es el trabajo más aburrido del planeta (según sus palabras). A la par de su trabajo, lleva a cabo capacitación sobre medios, lo cual ama hacer, y ese negocio alternativo está floreciendo prácticamente sin ningún esfuerzo de su parte; es tan bueno que las recomendaciones de boca en boca le han traído más trabajo del que puede manejar. De hecho, ha tenido que rechazar a algunas personas porque no tiene tiempo de aceptar nuevos clientes y mantener su trabajo cotidiano al mismo tiempo.

Él desea desesperadamente ganar más dinero y hacer lo que ama, pero se siente atorado: jamás obtendrá un aumento mayor a 3% al año en su empleo diurno y tiene poco tiempo para trabajar con sus clientes de capacitación en medios de forma alternativa. Por supuesto, podría llamar a filas a su poderoso guerrero interno, renunciar a su trabajo diurno, dar un salto valiente hacia la construcción de su propio negocio y hacer millones de dólares dando capacitación mediática. Sin embargo, él ni siquiera lo considera una posibilidad porque está aceptando los miedos y las creencias de que *solo un idiota renunciaría a un empleo seguro para lanzarse a lo desconocido; no está listo; la economía podría venirse abajo en cualquier momento; qué tal si no gana tanto dando capacitación en medios de tiempo completo en comparación con lo que gana en su trabajo cotidiano, etcétera.* Por supuesto, no hay garantía de que tendrá éxito si da el salto, pero tiene bastante garantizado que pasará la mayor parte de sus preciados días en la Tierra despertando en su trabajo diurno con el rostro en el escritorio y las letras del teclado impresas en sus mejillas si no lo hace.

Cuenta la historia que cuando Colón llegó por vez primera al Nuevo Mundo, los nativos no vieron su flotilla de barcos de inmediato, aun cuando estaban encallados en la playa frente a ellos. Jamás habían visto un barco con anterioridad; la gente flotando en el agua era un concepto que les resultaba completamente ajeno y tomó tiempo que su cerebro conectara los puntos y captara lo que se encontraba delante de ellos. Así pues, al principio literalmente no vieron otra cosa más que océano.

Ahí es donde muchas personas se quedan atoradas cuando tratan de descubrir qué hacer para ganar dinero: están tratando de cambiar su vida desde la perspectiva de su realidad actual. Las nuevas oportunidades les son tan ajenas que no pueden verlas o, simplemente, no les parece que tengan ningún tipo de lógica.

....

Cambia tu pensamiento, cambia tu vida.

....

Voy a referirme a cinco escenarios distintos para ayudarte a maximizar tus ingresos, pero quiero que tengas en mente que sin importar lo que esté ocurriendo tienes que expandir tu mentalidad más allá del punto en el que te encuentras si en verdad quieres sacar la bola del estadio. Despierta, hazte consciente de cómo estás percibiendo la «realidad», toma nuevas decisiones, busca ayuda externa para tener una nueva perspectiva, cree en lo increíble. La mayoría de las personas siguen batallando con sus finanzas no porque sean malas en lo que hacen o porque no tengan posibilidades, sino porque no expanden su mente.

Independientemente de cuál de estos escenarios se aplique a ti, léelos todos porque siempre hay un traslape, y nunca sabes de dónde va a venir el chispazo para una idea que cambiará tu vida:

1. COMIENZAS TU PROPIO NEGOCIO

   He sido empresaria por más de dos décadas y no puedo imaginarme viviendo de ninguna otra manera, pero, definitivamente, no es para todos. He aquí algunos pros y contras que mi tribu y yo discutimos de forma regular:

Pros:

- No hay límites para cuánto dinero puedes ganar o lo mucho que puedes hacer que crezca tu negocio. Pequeño, mediano o grande, tú decides. La decisión es tuya.
- Tú diseñas tu propio estilo de vida, trabajas cuando y como lo deseas y con quien quieras hacerlo. Puedes viajar por el mundo al tiempo que diriges tu negocio; puedes dirigirlo desde tu cocina, contratar únicamente a tus amigos, trabajar en piyama, lo que sea.

Contras:

- Tú eres el jefe. Las responsabilidades son tuyas, los riesgos son tuyos, es tu reputación la que está en juego.
- No tienes estructura, pero tú creas la estructura, así que tu disciplina debe ser fuerte como una roca.
- Muy a menudo, especialmente al principio, estás solo. Frente a tu computadora. Mucho tiempo. Y esa es la razón por la que la regla obligatoria de llevar a tu perro al trabajo resulta tan útil.

Si decides emprender un negocio por ti mismo:

- Observa qué es lo que te emociona, qué te resulta natural, qué te emociona compartir con el mundo, el producto o servicio de quién te entusiasma y te inspira a hacer algo similar. Sé tan específico como puedas y ve si puedes hacer un negocio a partir de ello.
- Otra magnífica forma de obtener ideas es observando una queja que a menudo te oyes expresar a ti o a otras personas: *no hay mochilas lindas y funcionales para transportar mi laptop. ¿Cómo es posible que no existan opciones saludables de comida rápida? Me encantaría salir de viaje a carretera y no comer porquería y media. ¿Acaso nadie va a escribir un día un libro de autoayuda que use chistes y groserías?* Haz una lista de todas las cosas que

piensas que faltan, tanto productos como servicios. Una vez que las hayas escrito todas, ve si hay alguna que te emocione y que puedas convertir en un negocio que satisfaga una necesidad que tú sabes que existe.

- Saca tus cuentas. Asegúrate de que tu idea tenga potencial de ganancias y crecimiento. He visto a muchas personas comenzar negocios que los súper entusiasman y que o bien generan muy poco dinero o terminan costándoles dinero porque estaban más enfocados en su entusiasmo que en el flujo de ingresos. Evidentemente, ambas cosas son importantes, pero si quieres un pasatiempo, consigue un pasatiempo. Si quieres un negocio que haga dinero debes tener claro qué tanto deseas ganar y cómo vas a hacerlo. *Haz lo que amas y el dinero fluirá* funciona bien en una pelea de almohadas, pero no hace mucho por tu cuenta bancaria.

  No soy una gran creyente en los planes de negocios a menos que vayas a solicitar un préstamo —los planes de negocios son largos, abrumadores y pueden hacer que hasta la persona más decidida diga: *al diablo, tal vez mejor regrese a la escuela a estudiar historia del arte*— pero sí me entusiasma mucho tener claro y escribir todas las posibilidades de ingresos, gastos, proyecciones, mercado objetivo, etcétera, para un negocio. Y eso puedes hacerlo en una o dos páginas. Entre más sencillo, mejor.

- Aprovecha tu tiempo tanto como te sea posible. Solo existe una persona como tú y solo cuentas con cierto tiempo a lo largo del día, así es que si estás construyendo una tienda de ladrillo y cemento o estás impartiendo talleres en persona, ¿puedes venderlos/impartirlos en línea donde puedes tener acceso ilimitado a una audiencia ilimitada? ¿Podrías con el tiempo contratar personas para que hagan lo que tú haces? ¿Puedes brindar tu servicio tanto a grupos como a personas? ¿Puedes vender productos informativos y también hacer presentaciones en vivo? Aprovechar tu tiempo te permite trabajar menos y hacer más y todos los chicos exitosos lo están haciendo.

• Enfócate en una sola cosa. No trates de iniciar dos proyectos al mismo tiempo ni dividas tu atención o tu tiempo de ninguna forma. Los empresarios normalmente son personas muy creativas, lo cual es fantástico cuando tienes que escribir un álbum entero o 35 correos electrónicos de *marketing*, pero puede resultar una amenaza cuando estás iniciando un negocio. Te garantizo que en el momento en el que se te ocurra una magnífica idea para un negocio y comiences a trabajar en ella, tendrás ideas fantásticas para muchas otras. Si divides tu atención y tratas de dedicarte a más de una a la vez, estás fastidiado. Dicen que un avión utiliza alrededor del 40% de su combustible durante el despegue. Necesitas toda tu energía y tu atención para despegar del suelo. Una vez que tu nuevo negocio esté operando, vas a tener que seguir trabajando, por supuesto, pero habrás obtenido cierto ímpetu y, entonces, puedes voltear a ver tus otras ideas. Sin embargo, mientras no estés operando plenamente y sea rentable, no estás autorizado para iniciar ningún otro negocio o proyecto grande.

• Haz lo que se requiera hacer. Tenía una amiga, con quien trabajaba en la época en la que trabajé en una casa discográfica, que estaba completamente decidida a iniciar su propia marca. Su trabajo cotidiano como directora creativa en la compañía discográfica estaba absorbiendo todo su tiempo así que renunció y decidió conseguir un trabajo como mesera mientras ponía en funcionamiento la empresa de sus sueños. El único trabajo que pudo encontrar fue en un bar que se encontraba en la acera de enfrente de la compañía en la que acababa de renunciar.

··

Puedes quedarte con tu ego o
quedarte con tus sueños.

··

Se tragó su orgullo, servía shots de licor a personas que alguna vez trabajaron bajo sus órdenes y siguió adelante para hacer muchos millones de dólares con su propio negocio.

- Vuélvete un experto en ventas. Lo siento, pero si tienes un negocio, estás en el negocio de las ventas, porque sin ventas no vas a tener negocio. Toma cursos, descubre las partes de las ventas en las que eres bueno (es algo más profundo de lo que tú piensas), practica, hazte un experto en las habilidades requeridas y deja de decir que te encanta todo de tu negocio excepto la parte de las ventas.

2. TIENES TU PROPIO NEGOCIO Y QUIERES QUE CREZCA

- Contrata a un *coach* y/o consigue un mentor. ¿Ya te cansaste de escucharme decir esto? Los *coaches* y mentores pueden ver las oportunidades de las cuales he estado hablando y gritando a lo largo de todo este libro, aquellas que están fuera de tu campo de visión porque estás en el bosque y no puedes ver los árboles. Los *coaches* y mentores están mucho más adelantados de lo que tú estás, están sentados en la cima de la montaña, comiendo una naranja, observando cómo vagas de un lado para otro allá abajo. Pueden señalar algo en, digamos, 28 segundos, que a ti te tomaría los siguientes tres años descifrar.
- Ten claro qué parte de tu negocio está trayendo los mejores ingresos. ¿Son los eventos en vivo? ¿Son los productos? ¿Son las actividades uno a uno de tarifa elevada? Averígualo y mejora tu estrategia en esa área.

- Delega cualquier cosa que todavía no hayas delegado. Un problema enorme para muchos empresarios es que quedan atrapados trabajando *en* sus negocios y no *sobre* sus negocios. Estamos tan envueltos en el día a día que tomarnos un momento para desarrollar nuevas ideas y expandirnos parece un lujo. No lo es. Crecer es una de las partes más emocionantes y vitales de tu negocio. Deja de pretender que tienes que hacer todo tú mismo, toma tu cartera, da un salto cuántico y contrata un poco más de ayuda.
- Busca asociaciones, negocios conjuntos, inversionistas y otras personas que puedan ayudarte a crecer.
- Busca dónde puedes crear flujos de ingresos pasivos (trabaja una sola vez, haz dinero para siempre). ¿Puedes grabarte dando un seminario y venderlo en DVD o como una descarga? ¿Escribir un libro? ¿Crear otro tipo de productos? ¿Invertir en la compañía de otras personas? Ingresos pasivos = fenomenal porque así es como el dinero fluye a tu cuenta de banco mientras estás tomándote sorbo a sorbo tus margaritas en la playa.

3. TIENES UN EMPLEO QUE DETESTAS/TE ABURRE A MORIR
- Como no estás autorizado a detestar/a que te aburra aquello que te la pasas haciendo durante la mayoría de tus horas de vigilia, debes renunciar. Sin embargo, antes de hacerlo, siéntete agradecido por este trabajo que está apoyándote y llevándote al trabajo de tus sueños. De igual modo, consulta el número 5 en esta sección.

4. TIENES UN TRABAJO QUE TE GUSTA PERO NO GANAS MUCHO DINERO
- Pide un aumento de sueldo. Ten muy claro por qué crees que mereces este aumento; haz una lista de las muchas contribuciones que has hecho a la compañía y las razones por

las que eres un activo verdaderamente irreemplazable. Investiga cómo tu participación ha incrementado los ingresos, el espíritu, la imagen, la reputación de la compañía como la que tiene los festejos de cumpleaños más divertidos, etcétera. ¿Tienes más habilidades, ideas y fortalezas para ofrecer a la compañía, mismas que todavía no han aprovechado o de las cuales no están conscientes? Tal vez puedes trabajar con tu jefe para diseñar un cronograma y un camino hacia un ascenso.

Calcula la cantidad de dinero que sientes que vales, pídela con confianza y gratitud y prepárate para irte si no lo obtienes. La realidad es que cuando trabajas para alguien más, ellos ponen el tope de lo que puedes ganar, así que si ellos no ceden y tú no estás contento, podría ser momento de buscar otra compañía u organización que te pague mejor. Quedarte donde estás y amargarte no es una opción.

- Busca ascensos por tu cuenta. ¿Existen oportunidades dentro de tu compañía que te interesen y que paguen un mejor salario? Si es así, habla con las personas que ocupan esas posiciones y averigua quién está al mando, qué se requiere y haz que tu misión sea subir peldaños. Ve si puedes serles de ayuda de alguna forma en este momento, permanece en contacto, trabaja para ellos los fines de semana, gánate su simpatía, hornéales galletas, muéstrales que no estás perdiendo el tiempo. Si tu compañía no te asciende desde adentro, una vez más, te encuentras a merced de cómo hacen negocios así que esto puede no ser una opción, pero, si lo es, ve tras ello con todo.
- Aprende todo sobre tu industria y averigua si las personas están ganando más dinero haciendo lo que tú haces en alguna otra parte. Si es así, haz todas las cosas que se mencionan en el número 5 que está más adelante y consigue un empleo en otra compañía que te pague mejor.

- Diseña tu propio trabajo. Si ves cosas en tu compañía que necesitan hacerse y que no se están haciendo, crea un nuevo trabajo para ti. Elabora un magnífico discurso sobre todas las formas en las que esto beneficiará a la compañía y cómo les ayudará a hacer toneladas de dinero, y establece tu salario. Nunca se sabe; pasan cosas extrañas.
- Ve si puedes cambiar de recibir un salario a recibir comisiones. Un salario tiene un techo, pero las comisiones, no.
- Complementa tu ingreso. Encuentra algo más que disfrutes hacer que sea lucrativo y hazlo de forma paralela. No hablo de que te estreses como loco y te sobrecargues de trabajo, pero si te encanta tu empleo y tu pago no va a duplicarse en un futuro cercano, tienes que aguantar y permanecer en el nivel de ingreso que tienes, renunciar o encontrar algo que puedas hacer que te produzca dinero extra.

5. ESTÁS DESEMPLEADO Y BUSCAS UN EMPLEO

- Escribe todos los detalles importantes para ti sobre el trabajo de tus sueños: cuánto dinero ganarías, qué clase de personas trabajarían contigo y/o para ti, qué habilidades utilizarías en tu trabajo, qué te pondrías para ir a trabajar, cómo se sentiría ir a trabajar, ¿habría panecillos gratis cada jueves?, etcétera. Haz que el trabajo de tus sueños sea tan real que puedas verlo y, lo más importante, sentirlo. Medita en esta imagen y este sentimiento día y noche, agradece que existe, ten una fe inamovible en que viene camino a ti y cuida tus palabras. Nada de tonterías como: *es muy difícil encontrar trabajo, estoy desesperado, la economía está fatal, soy muy viejo, esto está tomando demasiado tiempo, ¿acaso parece que voy a romper a llorar? ¿Es por eso que nadie me contrata?* Mantén tus pensamientos, palabras, creencias y sentimientos alineados con el trabajo que buscas y no te detengas hasta llegar ahí.

- Recuerda que lo que estás buscando también te está buscando a ti.

- Haz absolutamente todo lo que sabes hacer para conseguir empleo: dile a absolutamente todas las personas que conoces y a todas las personas que ellos conocen lo que estás buscando (especialmente, a las personas a las que tienes miedo de hablarles), pon tu currículo en sitios en línea de búsqueda de empleo, platica con las personas que trabajan en tu industria, solicita consejos y referidos y contrata un cazatalentos. Hazlo todo y luego haz algo más: tu trabajo existe; no podrías desear el trabajo si el trabajo no existiera. Mantén tu fe firme, tu frecuencia elevada, tu gratitud interminable, tu mente totalmente abierta y tus esfuerzos incesantes hasta que aparezca.

- Aprovecha los peldaños. Si al trabajo que estás buscando le está tomando mucho tiempo encontrarte, toma el trabajo que te lleve más cerca. Puede no ser absolutamente perfecto, pero si te lleva al mundo en el cual quieres estar —por ejemplo, ser asistente de un agente si quieres ser un agente; trabajar en una agencia de publicidad como secretaria si quieres ser redactor; trabajar en un restaurante en el distrito de la moda de tu ciudad si quieres entrar en la moda; cualquier cosa que te ponga en contacto con las personas que quieres conocer y/o el conjunto de habilidades que necesites aprender—, lánzate. Aprende todo lo que puedas, conoce a tantas personas como puedas, mantén la mirada en el premio y haz tu mejor esfuerzo.

Independientemente del camino en el que te encuentres, a continuación te presento algunos elementos fundamentales y sumamente importantes que necesitas hacer si quieres ser rico:

- Trata al dinero de la forma en la que te gustaría ser tratado. Tienes una relación con el dinero y para que las cosas vayan bien necesitas invertir tiempo, atención y amor en esta relación. Dale al dinero una razón para estar contigo. Interésate en su vida.

- Ten claro cuánto dinero tienes, lo que estás ganando (ingresos, inversiones, regalías, monedas en el frasco de las groserías de tus hijos, todo), cuánto requieres cada mes para vivir y a dónde se va cada uno de tus dólares. Aquello en lo que te enfocas, más lo creas. Esto te toma aproximadamente 15 minutos en caso de que ya estés preparando la perorata de que es algo abrumador y aburrido.

- Trata al dinero con respeto. Presta atención a tu dinero y agradece todo lo maravilloso que trae a tu vida. Habla muy bien de él. Da y recibe con alegría, gratitud y generosidad. Si lo ves tirado en el piso, levántalo y dale un buen hogar.

- Contrata profesionales para que te ayuden a administrar tu dinero si te sientes confundido o abrumado o desubicado: planificadores financieros, contadores, etcétera. ¡No pidas consejos financieros a tus amigos que están en quiebra! Por el amor de Dios, recurre a personas que sepan lo que están haciendo.

- Sé un buen anfitrión, haz espacio para tu dinero y hazlo sentir bienvenido. La naturaleza detesta el vacío, así que crea espacio para que tu nuevo dinero lo llene. Consigue un planificador financiero y crea un fondo para el retiro, fondos de inversión o una cuenta de ahorros: haz que sea algo sencillo de modo que tengas un lugar donde poner tu dinero cuando comience a venir a ti. Si nunca antes has hecho mucho dinero, puede resultar abrumador y confuso saber qué hacer con él una vez que lo tengas, y tu pánico podría provocar que lo rechaces físicamente. Prepara el nido y te sentirás más confiado y emocionado de ser rico. Podría tomarte 15 minutos al teléfono (y no tienes que pagar nada por

adelantado: los planificadores financieros trabajan sobre porcentajes).

- No te tomes el fracaso de forma personal. Saca a tu ego
de la ecuación y mete a tu curiosidad. Toma el fracaso
con una actitud de: *mmmh, me pregunto qué fue lo que
ocurrió. ¿Hay algo que pude haber hecho de manera diferente?* No caigas en la trampa de hacer un drama de an-
tología alrededor del fracaso y utilizarlo como una prueba
de que eres un idiota/estás destinado al fracaso/nunca vas
a obtener lo que deseas. Si tienes el deseo de ser rico, ahí
está el camino.

....

El fracaso temporal se convierte en fracaso
permanente solo cuando tú así lo consideras.

....

- No te dejes llevar por las dudas. Actúa conforme a tus deseos de inmediato. Debes recorrer el camino que te lleva
a las riquezas con un sentido de urgencia, no sea que caigas presa de distracciones, flojera, creencias limitantes,
postergación o atracones de programas de televisión.
Trabaja con atención perseverante y con una expectativa
llena de agradecimiento; haz tu mejor esfuerzo todos los
días, recuerda que entre más pronto alcances tus metas
financieras, más tiempo pasarás en la Tierra nadando en
riquezas.
  - NOTA IMPORTANTE SOBRE LA URGENCIA: La urgencia es lo opuesto a la prisa. La prisa viene de la carencia
y de una sensación de pánico porque no hay suficiente
para vivir. Lleva a sentirte abrumado y a cometer errores, inspira las comparaciones y la competencia con tus
compañeros humanos. Cuando te apuras te encuentras
en un estado de estrés y preocupación y tienes incli-

nación a hacer cosas como difundir rumores negativos sobre otras personas o pegar chicles en la silla de la competencia. En otras palabras, la prisa baja tu frecuencia. Por el contrario, la urgencia te eleva, te da energía, atención e impulso. La urgencia es la esencia de lo que está hecha la frase: *creo que la vida que deseo existe en este instante, así que voy a avanzar y a aprovechar el día.* Permanece conectado con tu porqué, pon manos a la obra, participa en cosas que te aceleren, convive con gente chingona… ya conoces las instrucciones.

- Cobra lo que vales. El dinero es una energía que va y viene, fluye y refluye. Cuando vendes un producto o servicio a cambio de dinero, la persona que te está pagando no cae repentinamente en un estado de carencia. *¡Diablos, ese dinero se ha ido para siempre!* Él o ella tiene la oportunidad de beneficiarse de lo que le has ofrecido, y como tú eres increíble y le diste algo de gran valor, su inversión eleva su frecuencia, lo cual le abre las puertas a recibir cosas de frecuencia elevada, incluyendo más dinero. Sea lo que sea que ofrezcas —música, diversión, ropa, habilidades médicas, comida, servicios gerenciales, preparación de impuestos, velas aromáticas— todo cuenta. Cobra lo que valen tú y tus productos. No seas tacaño con otras personas ni contigo mismo. No te sientas raro haciéndolo. Entra en el flujo.

- Trata todo y a todos con respeto y haz tu mejor esfuerzo pase lo que pase. Una oportunidad (o me atrevo a decir, una persona) que parece verdaderamente sencilla y estúpida podría abrirte la puerta a enormes posibilidades. Lo que tú das se te regresa, así que si quieres grandeza, exuda grandeza. Además, ser mezquino, esnob y despectivo es algo patético, así que, ya sabes, aléjate de toda esa porquería.

HISTORIA DE ÉXITO: SI ELLA PUEDE HACERLO, TÚ TAMBIÉN.

Linda, de 50 años, ahora es dueña de una agencia de publicidad que factura 1 500 millones de dólares al año y su única educación formal es la escuela de cosmetología:

Comencé mi carrera como cosmetóloga y ahora soy experta en publicidad y cumplimiento de normas jurídicas. Tengo una agencia de publicidad y facturamos 1 500 millones de dólares anualmente en servicios. Siempre creí que sería exitosa, aun cuando opté por la escuela de belleza y no por la universidad.

Mi lema personal es: «Las limitaciones son autoimpuestas». Una de mis mejores amigas falleció cuando apenas teníamos 20 años. Yo decidí que no iba a desperdiciar mi vida. Mi amiga jamás tendría la oportunidad de vivir, así que yo decidí abocarme de lleno a las cosas con convicción plena. Trabajaba con más ahínco que los demás y hacía lo necesario para cumplir con un trabajo. En aquellos primeros días, solía trabajar 16 horas al día sin parpadear. Solía «pegarme» a los gerentes senior en mi día libre para aprender más. Observaba cómo se negociaban los tratos y obtuve conocimiento mucho más allá de mi título y nivel de ingresos. Me imaginaba corriendo a las reuniones y llegando a acuerdos. No hice tableros de visión ni cosas por el estilo, pero me imaginaba como una profesional exitosa.

De hecho, yo era muy exitosa como estilista, pero sabía que no era lo que quería hacer. Ahorré dinero para poder tener un fondo que durara varios meses, puse mis pertenencias en mi auto y me mudé a 2 500 km de casa. Todo mundo me dijo que estaba loca. El cambio me llevó a un trabajo como guía de turistas VIP en los Estudios Universal. Tuve el placer de pasar tiempo con incontables celebridades, ejecutivos cinematográficos y directores de empresas. Lo curioso es que ¡yo estaba en la quiebra! Cortar el cabello me daba mucho más dinero. Utilicé mi posición privilegiada como guía de turistas para ubicar un departamento de marketing donde pensaba que podía encajar bien. ¡Pum! Eventos especiales… En esencia, organizaba fiestas para ganarme la vida. Con el tiempo, mi salario aumentó de forma constante.

Jamás dudé de que tendría éxito. El pensamiento del fracaso jamás cruzó por mi mente. Simplemente cree y disponte a trabajar duro, EN VERDAD duro, para vencer los obstáculos. Si no crees que el éxito es posible, no lo será. Yo desafié todas las probabilidades. Hay abogados egresados de Harvard que me piden mi opinión. Algunas veces me río para mis adentros: ¡si tan solo supieran que mi educación formal se detuvo en la escuela de cosmetología!

PARA SER RICO

Mantra del dinero sugerido (dilo, escríbelo, siéntelo, hazlo tuyo):

Amo el dinero porque me da libertad y opciones y así es como amo vivir mi vida: con mucha libertad y muchas opciones.

1. Haz cuentas. Ten claro cuánto dinero necesitas ganar y para cuándo (sé específico en cuanto a para qué es el dinero y no te olvides de incluir tu porción mensual para gastos necesarios). Asegúrate de que esta cifra sea real y esté conectada con cosas específicas que te produzcan emociones específicas. Luego divídela en periodos más pequeños: si tu meta es a cinco años, calcula cuánto ganarás en cuatro años, en dos años, en un año, en seis meses, etcétera, hasta llegar a este mes. Luego elabora un plan definido con acciones claras que te lleven a tu meta.

- Siempre apégate a tu porqué de modo que cuando las cosas se pongan difíciles sigas avanzando.
- Siempre presta atención a tus números. Si no cumples con tu meta financiera una semana, agrégala a la siguiente. Tus números DEBEN ser no negociables o, de otra manera, jamás vas a ser rico.
- Organízate. Pon todo en el calendario en lugar de simplemente esperar que se haga.
- Mantén los ojos abiertos para nuevas y atemorizantes oportunidades que puedan llevarte a las riquezas que estás buscando.

2. Capacítate. Aprende tanto como puedas acerca de cómo hacer dinero sea cual sea el negocio en el que estés. Investiga lo que otras personas en tu industria están haciendo, personas que son financieramente más exitosas que tú, y sigue su ejemplo.

3. Contrata un *coach*. Los atletas olímpicos que se encuentran en la cima de su deporte tienen *coaches*. Las personas quebradas que se encuentran en la parte más baja de su actividad insisten en que pueden volverse ricas sin ningún tipo de ayuda. Yo nomás digo. Comienza escribiendo todos los atributos específicos que quieres en un *coach*; por ejemplo: se especializa en ayudar a las personas a hacer dinero, ha pasado por problemas financieros y ha salido victorioso, vive cerca y puede trabajar en persona, me da un poco de miedo, trabaja de forma individual, etcétera. Ten claro a quién estás buscando y lo que es importante para ti, y permanece abierto a todos los que se presenten. Pasa la voz de que estás buscando contratar un *coach*; di a todos tus conocidos y a tus no conocidos que estás en la búsqueda; busca en línea, y si alguien te parece interesante, inscríbete en su lista de correos, asiste a sus seminarios, lee sus libros, blogs, publicaciones en redes sociales, testimonios. Haz todo lo que se te ocurra hacer para encontrar al *coach* perfecto y confía en que cuando el estudiante está listo, el maestro aparece.

4. Abre una nueva cuenta de ahorros, abre una cuenta de mercado de dinero, construye el nido y dale la bienvenida a todo el
   dinero que llegue a tu vida.

Por favor, llena el espacio en blanco:

Estoy agradecido(a) con el dinero porque _____

_____.

CAPÍTULO 11

TU RIQUEZA INTERNA

A principios de la década de 1980, Prince, que todavía no era famoso en aquel tiempo, fue invitado para abrir un concierto de los Rolling Stones, que eran extremadamente famosos en aquella época. Fue un gran parteaguas para él y me imagino que estaba súper emocionado, pero cuando subió al escenario vistiendo únicamente una gabardina y ropa interior ajustada de color negro, fue abucheado. Abucheado en serio. De una forma ruidosa. Y no dejaron de abuchearlo hasta que dejó el escenario. También le lanzaron cosas y lo insultaron.

En el siguiente concierto de los Rolling Stones, Prince una vez más saltó al escenario en ropa interior provocativa y fue recibido con la misma falta de entusiasmo por parte de los fanáticos de los Stones, solo que esta vez —mientras dejaba el escenario en medio de un mar de abucheos y risas burlonas— tomó una decisión. En ese momento no decidió, como muchas personas lo habrían hecho, que tal vez debía pasar la tarde del día siguiente comprando pantalones. En su lugar, Prince decidió: *al carajo con estos idiotas; esto no es lo que soy y esto no es de lo que se trata*. Prince decidió que en lugar de ceñirse a lo que todo mundo esperaba de él y tratar de ganarse a las personas que no apreciaban quién era, jamás, jamás, abriría el espectáculo de nadie, ni siquiera de los malditos Rolling Stones.

Todo lo que puedo decir es que había unos enormes cojones debajo de esos pequeños calzoncillos de color negro.

Sí, Prince fue uno de los músicos más chingones y talentosos que alguna vez han pisado la Tierra. Y adivina qué. Tú tienes dones y talentos igualmente especiales e importantes en tu interior. Y se espera que respetes, nutras y te sientas orgulloso de tu esencia de una forma tan abierta y desinhibida como Prince se sentía orgulloso de la suya. Entre más sintonizado y enamorado estés de tu maravilloso yo, menos te importará lo que piense cualquier persona que no sea fanática tuya, más fácil te será mostrar tus habilidades, encontrar lo que te hace feliz y continuar hacia la verde bondad del dinero.

Esto es porque hacerte rico y tener éxito en hacer realidad tus demás sueños depende de quién estás siendo: de cómo estás pensando, hablando, creyendo, imaginando, creciendo, percibiendo tu mundo, todo lo cual afecta tu forma de actuar. Cuando amas y te conectas profundamente con tu yo más elevado descubres que ni tus inseguridades relacionadas con fracasar en tu trabajo ni tus miedos en relación con que se te acabe el dinero ni tu enojo por el jitomate que se estrelló en tu cara mientras estabas en el escenario, son quien eres. Simplemente te encuentras metido en ese enredo.

Como ser humano, siempre vas a enfrentar desafíos y miedos y vas a sentarte al lado de alguien que mastique con la boca abierta. Crecemos y aprendemos a través de la fricción, incluso de la fricción con nosotros mismos, así que tu trabajo no consiste en tratar de eliminar de tu vida los momentos incómodos o los desafíos espinosos o los largos y difíciles momentos frente al espejo. Tu trabajo consiste en dominar el arte de responder; es decir, ser responsable y consciente de tus pensamientos y acciones. Tu trabajo consiste en evitar tu reflejo de reaccionar, lo cual te llevará a seguir reproduciendo los mismos antiguos patrones de baja frecuencia que has estado arrastrando toda tu vida. Actuar a partir de los mismos viejos impulsos es la razón por la que las personas se ponen a dieta y pierden un montón de peso y luego lo recuperan otra vez, la razón por la que las personas ganan la lotería y al final terminan justo donde comenzaron financieramente hablando; la razón por la que la mayoría de los propósitos de Año Nuevo apenas son un recuerdo para el mes de febrero. Si solo cambias el exterior y trabajas en cosas fuera de ti mismo (reduces tu ingesta de donas), pero estás siendo la misma persona por dentro con la misma mentalidad de carencia y miedo —por ejemplo: *si no puedo esconderme detrás de estas plantitas van a verme, voy a ser vulnerable y, muy probablemente, van a rechazarme*— no vas a evolucionar.

Da un paso atrás por un instante y reconoce el hecho de que estás vivo. Hubo un tiempo antes de que estuvieras vivo y habrá un tiempo después de que ya no lo estés. Sin embargo, en este momento, estás participando en la desconcertantemente gloriosa caricatura llamada Vida en la Tierra. La fuerza vital conocida como Inteligencia Universal está fluyendo a través de tu carnoso cuerpo humano, haciendo que tu sangre fluya, que tu mente piense, que tu corazón desee, que tu intuición te diga que veas detrás del tostador porque ahí están las llaves de tu auto que has pasado la mitad del día buscando. Esta fuerza que fluye a través de ti es la esencia de quien eres, es la frecuencia más elevada que existe: tú eres la Inteligencia Universal buscando expresarse en la Tierra a través de la persona que eres tú. Eres un activo valioso e irremplazable para el Universo. Eres poderoso más allá de toda comprensión. Eres un chingón.

No olvidemos que el dinero es moneda y que la moneda es energía. Así pues, cuando tu energía está vibrando a la más elevada frecuencia posible —la frecuencia del amor— eres como un fenomenal tornado de magnificencia que arrastra a su paso todo lo bueno y las riquezas que hay a tu alrededor y las vierte nuevamente de regreso al mundo para beneficio de todas las personas con las que entras en contacto. Si quieres ser rico, entiende que con el solo hecho de ser tú, ya has encontrado una veta de oro.

Sírvete una taza de té de manzanilla, enciende una vela con aroma a vainilla y veamos algunas de las mejores formas de disfrutar tu hermoso ser y hacer algo de dinero.

MEDITACIÓN

Sentarte en silencio de forma deliberada es alimento para tu corazón y tu alma. Es como si tu mente pasara la mayor parte del tiempo en un ruidoso bar (tu cerebro) donde todo mundo está gritando y dando alaridos y cantando *Todo a pulmón* a grito abierto. La meditación clausura el bar, echa a todos por la puerta y permite que tu yo superior comulgue con la Inteligencia Universal de modo que puedan escucharse mutuamente. Eres una criatura energética y conectarte con la Inteligencia Universal es algo infinitamente empoderador, porque ese lazo fortalece tu conexión con tu yo verdadero y no con el yo que has creado con los años de pensamientos y creencias limitantes. La meditación te permite conectarte emocionalmente con la verdad de que eres una energía espiritual infinitamente poderosa, que tu realidad va mucho más allá de lo que te dicen tus cinco sentidos y que eres un chingón. Literalmente puedes *sentirlo*. Y entre más lo sientas, más poderoso, feliz y rico te permitirás ser.

Incluso meditar cinco minutos al día puede marcar una profunda diferencia en tu vida. Si nunca lo has intentado, todo lo que tienes que hacer es sentarte, enfocarte en tu respiración, y siempre que un pensamiento venga a tu mente, simplemente vuelves a enfocarte en tu respiración. Fin de la historia. Y recuerda, hay una razón por la que se le llama práctica de meditación: se requiere mucha práctica para acallar el ruido.

· ·

Tienes una grandeza infinita en tu interior.
Deja que le gane a la estupidez.

· ·

AFIRMACIONES

Tu medio ambiente y, especialmente, las personas de las que te rodeas, afectan enormemente la forma como te percibes a ti mismo y a tu mundo. La persona con la que pasas la mayor parte del tiempo es la que más te afecta. Y la persona con la que pasas la mayor parte del tiempo... eres tú. De ahí que lo que te digas a ti mismo constantemente sea muy importante. Todos los pensamientos, creencias y palabras que has estado repitiendo a lo largo de tu vida, ya sea consciente o inconscientemente, crearon la realidad en la que vives actualmente. Así pues, si no te gusta la realidad que estás viviendo en este momento, querrás ir y cambiar las cosas. Una de las mejores formas de reprogramar tu mentalidad es a través de las afirmaciones. Presta atención a lo que sale de tu boca y a lo que entra a tu mente durante la meditación, y si se trata de algo negativo, reescríbelo con nuevas palabras y pensamientos que transmitan un sentimiento positivo, y repite estas nuevas palabras una y otra y otra y otra vez. Estas son algunas opciones (pero solo si evocan un sentimiento en ti):

> El dinero fluye hacia y desde mí fácilmente. Me encanta gastarlo y me encanta ganarlo.
> Hay mucho dinero para todos.
> El dinero es libertad, el dinero es poder, el dinero es mi amigo.
> Amo el dinero y el dinero me ama a mí.
> El dinero que deseo ya está aquí.
> Yo soy energía, el dinero es energía, somos siameses, somos los mejores amigos.

SÉ AMABLE

Es algo muy sencillo, muy tierno, y, sin embargo, muy desafiante cuando alguien conduce por debajo del límite de velocidad frente ti en un camino de un solo carril. Sin embargo, por satisfactorio que pudiera ser en el momento, portarse como un idiota nunca se siente bien, aún si el otro imbécil se lo hubiera merecido. Perder los estribos te hace sentir terrible y, en particular, terrible contigo mismo. Lo mismo pasa cuando decimos cosas terribles sobre nosotros mismos, aun cuando la intención sea provocar una risa, burlarte de ti… Es decir, ni modo que no puedas escucharte a ti mismo, porque estás parado justo *ahí*. Si tienes la costumbre de provocar risas en los demás a través de criticarte a ti mismo, simplemente piensa en cómo te sentirías si alguien te dijera las cosas que tú dices sobre ti: *no sé cómo ocurre, pero la comida simplemente se abre paso hacia tu boca; estás sentado ahí y de repente, ¡pum! ¡Estás masticando un trozo de queso! Eres tan idiota que perderías la cabeza si no la tuvieras pegada al cuerpo.* No suena lindo, ¿verdad? Así que, ¿por qué está bien si dices estas cosas sobre ti? Si no puedes decir algo amable, no digas nada: esta frase, que provocó todo un *boom* en la industria de los letreros para cocina provocará un *boom* en tu factor general de felicidad y riqueza. Vivimos en un Universo energético y lo que sale de ti regresa a ti.

SÉ PACIENTE

La paciencia es una de las características más poderosas y más desafiantes a desarrollar en nuestro mundo moderno. Entre más avanzamos tecnológicamente más nos enojamos cuando tenemos que esperar. Nos ponemos como locos. Por cualquier cosa. Incluso por un par de segundos. Apenas el otro día estaba calentando un poco de lasaña que había quedado y la coloqué en el microondas por aproximadamente un minuto, y todavía seguía fría. Así que la puse otros 30 segundos y todavía no estaba lo suficientemente caliente. Tuve que esperar unos largos 55 segundos más antes de que finalmente quedara lista y el queso comenzara a derretirse un poco. Juré en ese instante que iba a comprarme un nuevo microondas porque esto era ridículo, ya que no debería tomar tanto calentar una pasta. Sin embargo, todos sabemos quién es en verdad la ridícula. No solo estaba siendo ridícula sino que me estaba frustrando, enojando y estresando, que son emociones que no solo están en el último peldaño energético, sino que llevan a una verdadera enfermedad física (intranquilidad) si participas en ellas con la suficiente frecuencia.

Ser paciente en lugar de ser nervioso y perder el control te hace sentir mucho mejor porque crea espacio para que disfrutes la vida en una forma que andar con prisas no te permite. La paciencia te permite percibir la sensación del aire sobre tu piel, darte cuenta de que hay muchas personas que te aman, estar consciente de que este momento en el tiempo es un milagro que jamás, jamás volverá a ocurrir. No vas a darte cuenta de ello mientras te quejas sobre el estúpido empleado de tu compañía de telefonía celular que te ha tenido en espera durante 35 minutos. Participar de la paciencia es una de las mejores formas de amar a tu fabuloso ser.

Esta vida está compuesta por pequeños momentos, y en cada momento estás tomando una decisión que es o bien una elección de energía elevada o una elección de energía baja. Aunque mi discusión con una pasta fría podría parecer insignificante, estos momentos se acumulan para crear la totalidad de la realidad que tienes frente a tus ojos. Lo que haces en cada pequeño instante tiene una gran importancia. Cállate, ve más lento, respira, conéctate con tu yo superior y actúa con intención. Aquello en lo que te enfocas, más lo creas, y entre más pensamientos pequeños de frecuencia elevada tengas, más experiencias de frecuencia elevada atraerás a tu vida.

ELEVA TU CONFIANZA

En algún punto del camino nos enseñaron a creer que básicamente estamos fastidiados en el departamento de la confianza si no nacimos con ella. Vemos a alguien entrar a una fiesta donde no conoce a nadie y, sin embargo, se la pasa haciendo bromas, preguntando a todos si puede traerles algo del bar, platicando con las chicas, recargado en la pared, con un tobillo cruzado sobre el otro de forma casual y confiada. Lo vemos y decimos: *yo jamás, jamás podría ser así. Es decir, ¿quién ES ese tipo?*

Sin embargo, definitivamente tú podrías ser como ese tipo, si quisieras serlo. Todos nacemos con confianza, solo que algunos simplemente la perdemos en el camino y la enterramos debajo de cosas como el odio a uno mismo y el hecho de no querer ser como tu engreído papá que te ignoraba por completo. O quizá te gritaban cada vez que te defendías a ti mismo, así que decidiste que era más seguro esconderte en las sombras. La confianza, como todos los demás elementos de tu mentalidad, es un músculo. Así que todo lo que tienes que hacer es ejercitar tu músculo de la confianza si quieres que crezca. A continuación te presento mis tres técnicas favoritas para elevar la confianza:

1. Engañarte con tu cuerpo. Es increíble cómo somos unas criaturas tan crédulas. Igual que estar estresado (por digamos, nada) puede provocar que tu cuerpo se enferme, algunas veces de una forma mortal, tu cuerpo puede engañar a tu mente también para que crea cosas. Y esa es la razón por la que si quieres sentir más confianza, y manejas tu cuerpo como si tuvieras confianza, te sientes más confiado. Párate derecho, haz respiraciones profundas, sonríe, camina con brío, lleva la cabeza en alto, saluda de mano con firmeza... Comienza con tu cuerpo y tu mente lo seguirá.

2. Simplemente hazlo. Cuando mi sobrina tenía más o menos quince años quería venir a visitarme a Venice Beach, lo cual significaba que tenía que viajar en avión sola, cruzando todo el país desde Nueva York. Le aterraba pensar que tenía que atravesar dos aeropuertos importantes ella sola —el John F. Kennedy y el aeropuerto de Los Ángeles—, pero su madre y yo le dijimos que jamás estaría sola. Su mamá la acompañaría hasta la sala de abordar y, como era menor de edad, una persona amable de la aerolínea la llevaría al avión y me le entregaría justo en el punto de llegada. Súper sencillo.

   Se sintió un poco mejor al respecto, y cuando llegó el gran día, mientras su madre la llevaba en auto al aeropuerto, quedaron atoradas en un tráfico muy pesado. Estaba tan congestionado que para cuando llegaron ya no había tiempo para estacionarse, así que mi cuñada simplemente se orilló, empujó a mi sobrina fuera del auto y le gritó: ¡Corre! ¡Vas a perder el vuelo! ¡Corre! Así que mi sobrina tomó sus cosas, se metió corriendo llena de pánico, logró encontrar a alguien de la aerolínea, y se subió por sí sola al avión.

Jamás olvidaré verla salir del área de llegadas, con la cabeza erguida, dos metros más alta, jalando su maleta como si pudiera darle vueltas, golpearte con ella y robar tu coche si se le diera la gana hacerlo. *Simplemente me abrí paso por el aeropuerto John F. Kennedy, perras. Fuera. De. Mi. Camino.* Si tienes el deseo de hacer algo, hay una parte muy en lo profundo de ti que sabe que eres capaz de hacerlo pues de otra manera no perderías tu tiempo pensando en ello. No esperes hasta tener confianza —eso es como esperar hasta perder esos tres kilos de más antes de permitirte irte de vacaciones—, simplemente hazlo. Entre más te empujes a hacer las cosas que temes hacer, más fuerte se volverá tu músculo de la confianza.

3. Recuerda que ya eres grande. Eres un ser espiritual que anda por la Tierra en un cuerpo físico. Tus deseos te fueron dados cuando entraste en tu forma humana y esos deseos son, en esencia, la Inteligencia Universal buscando expresarse a través de ti. Estás aquí para hacer cualquier cosa que no te sientas tan confiada de hacer. Tus deseos son tus Órdenes Universales que Vienen de Arriba, y no existe un resultado equivocado. Si logras comprender quién eres en realidad (pista: medita), si en verdad entiendes el hecho de que eres Energía Universal y piensas en ello con frecuencia, comprenderás por qué eres algo tan grande.

SIRVE A LOS DEMÁS

Entre más des, más recibirás. No hay frecuencia que se compare con la frecuencia de un dador. Está en lo alto, con la frecuencia de la persona que ama. Servir a otros con tus talentos —escribir un artículo en un blog que ayude a alguien a sanar una herida emocional, enseñar a un niño a leer, hacer un pay de moras que le fascina a otra persona— es como darte un enorme regalo a ti mismo. Incluso las cosas pequeñas cuentan, como dar a alguien instrucciones para que llegue a algún lugar, tener pensamientos amables sobre alguien (hay puntos extra si es alguien con quien estás molesto), recoger algo que se le cayó a un desconocido y entregárselo, decir las cinco pequeñas palabras que todo mundo anhela escuchar: *¿quieres de mis papas fritas?* La energía de alta frecuencia que se emite cuando damos siempre regresa a nosotros. Puede o no regresar a través de la persona a la que le dimos, pero siempre, siempre, regresa de alguna forma. Estamos aquí para compartir, en verdad así es, y es por eso que la codicia no produce alegría a nadie. La codicia inspira más codicia; es un método torcido donde la persona trata de cumplir un anhelo que solo puede cumplirse a través de dar y no de tomar. Si quieres ser feliz, haz feliz a otros.

ANÍMATE

Cuando tienes una actitud negativa, normalmente se debe a que quieres atención, ser escuchado, que otras personas tomen en cuenta tus necesidades primero que nada. *¡Me ofendió! ¡Ese tipo terminó conmigo! ¡Esto es difícil! ¡Es injusto! ¡Sientan lástima por mí! ¡Sientan mi dolor!* Cuando eliges la libertad y la alegría por encima de querer tener la razón o ser visto, ganas. Salte del modo de víctima, recuerda que todo mundo está igual de obsesionado consigo mismo y con sus propios sentimientos como tú lo estás con los tuyos, y deja de tomarte todo de forma personal.

CELEBRA

Si consigues un nuevo cliente, si reúnes el valor para invitar a salir a alguien, si obtienes el trabajo, la casa, o te quedas con la última galleta, celebra. Estamos tan increíblemente ocupados todo el tiempo que pocas veces nos tomamos un tiempo para reconocer lo maravillosos que somos. Por otra parte, como aquello en lo que te enfocas lo creas más, el aprecio aprecia, y la chingonería se vuelve más chingona. Tómate un tiempo para sentir profundamente, estar agradecido, y dar marometas por toda la grandeza que estás trayendo al mundo, y te empoderarás para traer todavía más.

PERDONA

¡Es impresionante toda la energía que desperdiciamos arrastrando el húmedo saco de arena de la culpa y el resentimiento! Verdaderamente es una de las mayores pérdidas de tiempo y, sin embargo, es una de las actividades humanas favoritas de todos los tiempos. El pasado no va a cambiar pronto, y estar molesto contigo mismo o con alguien por algo que ya está hecho y es parte del pasado es como rehusarte a sacar la basura. La llevas cargando y, mientras, se vuelve más y más apestosa, la nube de moscas que te rodea se vuelve más y más densa y todo lo que deseas —felicidad, paz, liberarte de repetir la terrible experiencia en la cual te niegas a dejar de enfocarte— va a eludirte y seguirá eludiéndote hasta que saques la basura.

....

Imperfecto = Soy perfecto. Eres humano.
Vas a cometer errores. Otros humanos van a
cometer errores. Ya suéltalo.

....

209

Tendemos a aferrarnos al resentimiento porque sentimos que el imbécil que nos ofendió no merece el perdón. Mientras tanto, la única persona que está siendo castigada por su resentimiento eres tú. El perdón implica que tú mereces paz, y no necesariamente que otros merezcan tu perdón. Estás permitiendo que los pensamientos desagradables de cosas desagradables ocupen un espacio precioso en tu mente. Si te amas a ti mismo, terminarás con tu propia tortura y lo dejarás ir.

La compasión es la clave para el perdón. Actuamos como imbéciles porque tenemos dolor y miedo, no porque tengamos la intención de fastidiar al mundo. Engañamos a las personas que amamos y nos burlamos de las personas porque somos inseguros. Rechazamos a las personas, somos impuntuales, vemos nuestros mensajes mientras una amiga está contándonos lo emocionada que está por su nuevo novio porque nos volvemos ajenos, indiferentes, no estamos dispuestos a involucrarnos o a estar presentes en la vida por miedo a fracasar o a no ser amados o sea cual sea la carga que llevemos en lo profundo. Todo mundo es estúpido y todo mundo es maravilloso; todos somos todo. Cuando actuamos inconscientemente y no a nuestro nivel más elevado es porque tenemos dolor y miedo. Todo mundo está peleando su propia batalla interna. No te defines a ti mismo y a otras personas por las conductas poco atractivas. Es el dolor el que habla, y puedes tener compasión por una persona que tiene dolor. Si quieres ser libre, toma la decisión de perdonar.

Hay una mujer llamada Louise Hay, que, básicamente, es el hada madrina de la autoayuda. Comenzó su carrera escribiendo un libro sobre lo que había aprendido cuando se curó de un cáncer cervicouterino «incurable» a través del perdón, las afirmaciones, la visualización, la nutrición y otras cosas medio hippies en lugar de optar por la cirugía y los medicamentos. Ella creía que estaba aferrándose al resentimiento debido a la violación y el abuso que había sufrido en su niñez y se imaginó que si podía elegir aferrarse a ello también podía elegir dejarlo ir. Al cabo de seis meses se curó, y prosiguió a ayudar a innumerables personas a curarse a sí mismas de todo tipo de enfermedades a través de la poderosa práctica del amor a uno mismo.

La pobreza y permanecer en la quiebra son enfermedades que provocamos con nuestra mentalidad, y esa es la razón por la que cuando tomamos la decisión consciente de enfocarnos en lo que es verdad para nosotros y nos hace sentir bien, y no en por qué no podemos y no debemos ser ricos, podemos curarnos a nosotros mismos.

· ·

**Amarte a ti mismo significa hacer cosas
que te hacen sentir bien.**

· ·

Sé que suena como algo demasiado obvio, pero piensa cuán a menudo hacemos cosas que nos hacen sentir increíblemente mal: ¡Lo hacemos todo el maldito tiempo! Nos decimos a nosotros mismos que no podemos tener lo que queremos porque es demasiado arriesgado, porque no tenemos experiencia, porque esa persona está fuera de nuestro alcance, porque bebemos demasiado, porque nos casamos con un idiota, permanecemos en trabajos que odiamos… podría llenar las siguientes 45 páginas. El asunto es: hazte más consciente de lo que te hace sentir bien y ve y hazlo. Siempre verifica con tus sentimientos antes de hacer o decir algo. Practica responder a las situaciones de acuerdo con cómo te hacen sentir en lugar de reaccionar basándote en antiguas creencias y miedos. Préstate atención a ti mismo, a tu yo maravilloso, adorable e imperfecto, y haz el esfuerzo consciente de darte lo que necesitas, incluyendo todas las riquezas que deseas. Vas a amarte por eso.

PARA SER RICO

Mantra de dinero sugerido (dilo, escríbelo, siéntelo, hazlo tuyo):
Amo el dinero porque me permite ser la máxima expresión de lo que puedo ser.

1. Medita durante al menos cinco minutos al día. No es necesario hacer ninguna pregunta por anticipado; simplemente siéntate en silencio y conéctate.

2. Utiliza las afirmaciones que se encuentran en este capítulo o tus afirmaciones favoritas que creaste mientras hiciste el trabajo indicado en este libro y comprométete con tres que se relacionen específicamente con elevar tu apreciación hacia ti mismo y hacia el dinero. Escríbelas todas las mañanas y todas las noches, y dilas a lo largo del día, llévalas contigo dondequiera que vayas y siéntelas profundamente.

3. Haz el esfuerzo todos los días por hacer al menos tres cosas amables por las personas. De igual modo, cuando estés a punto de no ser amable, respira, haz una pausa, y toma una decisión diferente.

4. Practica la paciencia. Observa cuando estás sintiéndote tenso o gruñón y recuerda: No puedes apresurar al Universo. No trates de hacer que la flor se abra. Todo florece de acuerdo con un plan. Respira, relájate, permanece en curso y alégrate.

5. Camina erguido, siéntate erguido, practica utilizar tu cuerpo para sentirte más confiado.

6. Ve a internet y busca el siguiente texto: *Nuestro miedo más profundo*, de Marianne Williamson. Imprímelo, pégalo en tu refrigerador y léelo con tanta frecuencia como te sea posible.

Por favor, llena el espacio en blanco:

Estoy agradecido(a) con el dinero porque _____
_____.

CAPÍTULO 12

TENACIDAD

Antes vivía junto a la casa de una señora que trabajaba en el área de finanzas y que decidió iniciar su propia compañía de gestión de inversiones. Dio un enorme salto de fe e invirtió los ahorros de toda su vida para impulsarla, porque, a diferencia de la mayoría de las personas que comienzan negocios como el suyo, ella no tenía un patrocinador acaudalado y tampoco tenía montañas y montañas de dinero. Tuvo que recurrir a su cartera y sacar hasta el último centavo. Tenía dos bebés pequeños la semana que lanzó su compañía, uno de los cuales se encontraba en el hospital en aquel momento. Y como el Universo a veces nos juega bromas, también tenía que prestar servicio como jurado.

Añade a todo esto el hecho de que estaba trabajando en finanzas, una industria que no tiene muchas faldas trabajando en ella. No solo era desafiante ser mujer, sino que también era desafiante tener poco dinero: ella me dijo que muy al inicio de su carrera, cuando estaba buscando sus primeros inversionistas, un día estaba al teléfono con un prospecto que vio lo que había invertido hasta ahora (los ahorros de toda su vida) y dijo: «¿eso es todo lo que tiene?» La rechazó, ella colgó, rompió en llanto totalmente humillada, y comenzó a sentir pánico ante la duda de si podría salir adelante, proveer a su familia de todas las cosas que quería para ella, tener la libertad de trabajar para sí misma y no perder cada centavo que poseía.

Solía verla caminar por nuestra calle totalmente absorta, pálida como la harina, cada vez más delgada, como un fantasma. Le preguntaba cómo le estaba yendo y siempre decía «¡Ahí la llevamos!» Por otra parte, la pregunta que siempre quise hacerle era si me permitiría prepararle un sándwich de carne, honestamente estaba un poco preocupada por ella. Podía darme cuenta de que el estrés en verdad estaba afectándola y cuando me mudé de ahí todavía seguía vagando por las calles, esperando que su negocio despegara o se viniera abajo y todavía no había sido arrastrada por el viento.

Hablé con ella aproximadamente un año después y me dio un enorme gusto escuchar que había recuperado su capacidad de hablar con oraciones completas en un tono por encima de un susurro, y que su negocio —después de pender de un hilo durante casi un año— era un éxito absoluto. Actualmente, la Zombie de al Lado ha aumentado su valor neto aproximadamente veinte veces. ¡Veinte veces! ¿Te imaginas? Trabaja únicamente con las personas con las que quiere trabajar, cuida muy bien a su familia y jamás habría llegado ahí si no hubiera sido persistente. Y se le ocurrió la historia perfecta para escaparse de su deber como jurado.

A continuación te presento algunos aspectos clave de su mentalidad que la ayudaron a dar el salto y a permanecer en curso mientras caminaba fatigosamente por el Valle de Oscuridad durante ese primer año:

Se mantuvo aferrada a su porqué. Ella quería el dinero y el éxito por la libertad que le permitiría tener para cuidar de su familia, para probarse a sí misma que podía lograrlo. Por otra parte, tampoco le entusiasmaba demasiado la posibilidad de perder los ahorros de toda su vida si el negocio fracasaba.

Fue al gimnasio espiritual. Constantemente leía libros escritos por otros empresarios, tenía pegadas en la pared imágenes de mujeres que habían hecho cosas como dirigir restaurantes exitosos en zonas de guerra, memorizaba poemas, meditaba y constantemente se recordaba a sí misma que la incertidumbre forma parte del proceso. Todo mundo tiene que lanzarse a lo desconocido para llegar al siguiente nivel: no hacía un enorme drama al respecto.

Hizo su tarea. Estudió su industria, las personas con las que amaba trabajar y aprendió formas creativas de vender encontrando intereses comunes entre ella y los prospectos que estaban «fuera de su alcance». Una vez que consiguió su segundo gran inversionista utilizando sus nuevas habilidades chingonas de ventas, su negocio comenzó a despegar.

Consiguió un mentor. Era el año 2008, y había muchas otras empresas más grandes que estaban cayendo a pedazos a su alrededor, y ella llegó al punto en el que pensó que no podía soportarlo más, así que buscó a un mentor que le dio un magnífico consejo: le dijo que se fuera a surfear. Que tomara las cosas con calma, que nadie gana si se da por vencido: te sientes bien en el momento pero luego todo termina. Si tus inversionistas van a despedirte, deja que sean ellos quienes lo hagan, pero no seas tú quien se despida a sí misma. Jamás te des por vencida.

El elemento número uno al que las personas ricas le atribuyen el éxito es a la tenacidad. Nadie alcanza un gran éxito sin caminar por el fuego. La diferencia entre quienes tienen éxito y quienes fracasan es un compromiso inteligente, permanecer en curso sin importar cuán insoportable sea el calor del incendio. Casi siempre hay un momento en el que se desata un caos —pierdes un cliente clave, tu almacén se prende en llamas, ponen un Starbucks justo frente a la cafetería que acabas de abrir— y en esos momentos tienes dos opciones: puedes decir: *al diablo, yo me voy de aquí,* o: *¿eso es todo lo que tienes para asustarme?* Cuando el dolor prácticamente es insoportable, si tu mentalidad es débil, vas a darte por vencido o vas a culpar a algo o a alguien por tu fracaso. Si tu mentalidad es fuerte como una roca, perseverarás. Aquí te presento algunas formas clave para seguir adelante sin importar qué tan difícil se vuelva el camino:

EMPUJA MUY DURO

Fui a un viaje de rafting por el río Colorado, y una amiga y yo tuvimos que escalar desde el fondo mismo del Gran Cañón para regresar a mi auto. Terminamos saliendo del río un poco más tarde de lo esperado, lo cual significaba que tendríamos que meterle velocidad a la escalada de ocho horas por el costado del cañón si queríamos salir antes de la puesta del sol. Mientras seguíamos en la balsa, visualicé una escalada pausada donde nos deteníamos de vez en cuando para darnos un chapuzón en el riachuelo que corría junto a nosotros durante las primeras horas del ascenso, tomándonos selfies para presumir a todos que habíamos escalado al padre de todos los cañones, y, lo más importante, para descansar. Mucho. Yo estaba muy lejos de tener lo que uno consideraría una buena condición física, y esa es la razón por la que, cuando finalmente llegamos a la parte alta del Gran Cañón mientras el sol se ponía, sentía como si se me doblaran las rodillas, me sentía exhausta y no muy segura de si iba a poder recorrer los últimos 400 metros sin arrastrarme por la tierra. Recuerdo que mientras estaba rogándole a mi cuerpo que se mantuviera de pie, cantaba mi mantra: *ya falta poco, ya falta poco*; en eso escuché a mi amiga gritar una palabra que yo sabía que entendía pero que no registré de inmediato. Volteé a verla y vi que estaba señalando arriba de la colina al autobús que justo acababa de detenerse. Era el autobús que nos llevaría de vuelta a nuestro auto que estaba estacionado a varios kilómetros de distancia. El autobús que solo llegaba cada 45 minutos. Fue entonces cuando me di cuenta de que la palabra que estaba gritando era: *¡corre!*

Si unos momentos antes de esto alguien se hubiera aparecido de repente en el camino con una tabla sujetapapeles y una encuesta y me hubiera preguntado si me era posible correr en ese preciso instante, mi respuesta habría sido absolutamente no, y no solo porque pensara que no podía, sino porque era físicamente imposible. Sin embargo, si la persona con la tabla sujetapapeles me hubiera prometido que, si por algún acto milagroso lograba correr, me recompensaría con un lugar donde sentarme, una hamburguesa con queso, una cerveza y la primera ducha que habría tenido en más de una semana, mi respuesta habría sido distinta. Así pues, con la vista puesta en no sentarme en una banca en la oscuridad durante 45 minutos, llena de sudor, toda sucia, muerta de hambre, muriendo por un tubo de crema humectante, hice lo imposible y corrí el resto del camino cuesta arriba y llegué al autobús.

Todos tenemos lugares habituales donde nos detenemos: un cierto umbral donde algo se vuelve demasiado íntimo o demasiado costoso o demasiado cercano al éxito para nuestra comodidad. Cruzar este umbral es exactamente lo que necesitamos hacer para salir de nuestra zona de confort y transformar nuestra vida, y esa es la razón por la que resulta tan aterrador para nosotros y por lo que nuestro subconsciente reúne a todos los caballos del rey y a todos sus hombres para asegurarnos de huir, ¡huir! Normalmente somos totalmente inconscientes de este punto donde nos detenemos, y tenemos un montón de magníficas excusas que utilizamos para justificar nuestra huida de la magnificencia, por ejemplo: *no me asusta invertir en mí mismo, pero esa clase está completamente fuera de mi rango de precios*; o: *me acabo de dar cuenta de que no quiero escribir este libro en el que he estado trabajando por años y que ya casi termino, y que quiero escribir uno distinto*. Si ya has tomado la decisión de ganar la cantidad de dinero que jamás has ganado antes, atravesar este umbral del terror resulta fundamental. Así pues, mantén los ojos bien abiertos para distinguir el grito de huida, entiende que ya llegaste a la puerta mágica que se encuentra al otro lado, enfócate en esta verdad y no en el deseo de meterte a la cama y leer revistas, y atraviesa el muro para llegar al otro lado.

ARRIÉSGATE A SER IMPOPULAR

Las personas exitosas son tenaces, lo que significa que mantienen la fe durante mucho más tiempo que la persona promedio. Debido a esto, la persona promedio tiende a considerar a la persona exitosa —antes de volverse exitosa— como una persona demente, ridícula, y le dice que ya descanse. Las personas exitosas deben aferrarse a su visión mientras todos los que están a su alrededor les gritan cosas como (si tú eres, digamos, Tomás Alva Edison); *¿qué crees que eres, un mago? Jamás vas a lograr que esa estúpida cosa se encienda. ¡Ve y consigue un trabajo!*

Recuerdo haber visto una de las más impresionantes exhibiciones de tenacidad en un vuelo mientras esperaba que mi avión despegara. Una mujer llegó corriendo con sus dos hijos justo cuando estaban cerrando las puertas, con esa mirada sudorosa, desencajada y desorbitada que es característica de dos tipos de personas: las personas con mala condición física que apenas llegaron a tiempo para tomar su vuelo, y las personas que acaban de matar a alguien. Todos estábamos ahí, sentados; una audiencia cautiva amarrada en su asiento, observando cómo ella trataba de encontrar un lugar para su equipaje en los compartimentos superiores, buscando lograr que sus niños se sentaran y disculpándose ante todos los pasajeros por el retraso. Evidentemente también había reservado su vuelo en el último minuto, porque no se sentaron juntos: cada uno tenía asignados asientos centrales, uno frente al otro, lo cual le hacía todavía más difícil acomodar todo.

Sin embargo, su verdadera dificultad la tenía con su hijo mayor, quien se negaba a sentarse. Tenía aproximadamente nueve años de edad, y cuando vio a su hermano pequeño subirse a su asiento central, tranquilamente le informó a su madre que él quería un asiento de ventanilla. Ella le respondió algo así como que no había tenido suerte y que necesitaba sentarse de inmediato, a lo cual él tranquilamente respondió: «no, voy a sentarme junto a la ventana». Ella bufó: «siéntate», a lo cual él respondió: «no». Ella lanzó una mirada de disculpas a la multitud que se encontraba en el pasillo. Yo estaba sentada ahí, en mi asiento junto a la ventana, viendo todo esto, tratando de determinar si debía darle mi asiento y terminar así con su tortura, darle un sermón o contratarlo como mi *coach*. Jamás había visto una determinación tan inamovible y tranquila frente a un peligro semejante: un avión repleto de personas adultas molestas. Sin embargo, este niño, sin ser un malcriado y sin hacer berrinches, se mantuvo en su posición hasta que un hombre que se encontraba en la fila delante de mí se levantó e intercambió su asiento con él.

Su deseo y la visión que tenía de su meta fue superior y no le permitió ver todas las demás opciones: humillación en público, abuso verbal por parte de otros adultos que no eran su madre, nada de televisión por el resto de su vida. Tenía esa actitud de aferrarse a las cosas para desestimar uno de los más grandes obstáculos para el éxito conocidos por el hombre: la necesidad de agradar y encajar. Si planeas pasar de ser pobre a ser rico, tú también debes mantenerte firme ante el riesgo de ser impopular. No puedes hacer este enorme cambio en tu vida y esperar que nada a tu alrededor cambie, especialmente tus relaciones con otras personas. Cuando cambies la persona que eres, molestarás, perderás amigos, y, quizá, incluso provocarás distanciamientos con algunos miembros de tu familia, así que tu deseo de convertirte en quien estás destinado a ser debe estar firmemente arraigado en tu mente consciente en todo momento, igual que los detalles de la vida que estás creando para ti y los sentimientos asociados con ello, de modo que tengas el coraje de permanecer en tu ruta. Confía en que estás destinado a manifestar tus deseos y que aunque seguirás amando a las personas que pierdas en el camino, atraerás a nuevas personas que se encuentren en la misma frecuencia que tú.

IGNORA A LOS EMBAUCADORES

Cuando tomas la decisión inteligente de cambiar tu vida y volverte rico, tu mente subconsciente no solo va a arrojarte tus peores miedos a la cara, sino que también te presentará lo que yo denomino embaucadores. Los embaucadores son tentaciones suculentas, un disfraz diseñado por tu Pequeño Príncipe para sacarte del camino y regresarte a tu zona de confort.

Tengo una clienta que decidió renunciar a su trabajo de relaciones públicas y abrir su propia empresa. Estaba emocionada de ser su propia jefa, de organizar su propio tiempo y amasar tanto dinero como decidiera hacer. Vive en un pequeño pueblo donde no hay muchas posibilidades de tener clientes y todavía menos prospectos de buenos trabajos, y una semana después de que renunció a su trabajo habitual recibió una oferta para trabajar para una de las dos únicas compañías de relaciones públicas que había en la ciudad. Era una muy buena oportunidad y a una parte de ella le aterrorizaba que si la rechazaba y seguía de forma independiente no conseguiría suficientes clientes para sobrevivir y, mucho menos, para prosperar. Sin embargo, se mantuvo firme, rechazó el trabajo, y *justo al día siguiente* recibió siete —y no estoy exagerando— siete llamadas de personas que querían contratarla como su publicista.

La Inteligencia Universal te dio tus deseos con el propósito de que los lleves a cabo. Cuando alineas tus energías, tus acciones y tu mentalidad para manifestarlos, el Universo entra en acción. Cuando decides volverte rico debes estar absolutamente enfocado en tu decisión y en tus razones emocionales para hacer dinero, porque es una cuestión de tiempo y no de si las cosas, las personas y los acontecimientos van a tentarte para que te alejes de tu meta. El éxito implica dejar que los embaucadores pasen de largo de modo que tú puedas aprovechar las oportunidades que están haciendo fila detrás de ellos.

FORMA HÁBITOS DE ÉXITO

Cuando pensamos en hábitos normalmente pensamos en cosas como morderte las uñas, fumar, decir malas palabras, enroscarte el cabello, levantarte temprano para llevar a pasear al perro, gritar cuando hablas por el celular, etcétera; por otra parte, los hábitos constituyen la mayor parte de nuestras conductas. La holgazanería es un hábito, sentirte abrumado es un hábito, llegar tarde es un hábito, el fracaso es un hábito, el éxito es un hábito, la paciencia es un hábito, chismorrear es un hábito, hacer dinero es un hábito, estar en la quiebra es un hábito. Como un hábito es cualquier conducta que haces de forma automática y repetida sin pensar demasiado en ello, la mayoría de las cosas que hacemos caen en la categoría de hábitos porque la mayoría de nosotros no pensamos demasiado. Como hemos visto, normalmente nos encontramos en un estado de reacción ante nuestras creencias subconscientes. Una vez que nos hacemos conscientes y decidimos, en su lugar, responder de forma consciente, podemos cambiar nuestros hábitos, que es lo que cambia nuestra realidad.

Hemos pasado muchísimo tiempo trabajando en cambiar tus hábitos relacionados con lo que piensas, crees y dices, y como los hábitos son tan importantes quiero darte unos cuantos consejos más. Sin embargo, primero, te presento algunos hábitos que querrás desarrollar, si es que todavía no lo has hecho. Estos son algunos de los hábitos más comunes de las personas exitosas. Las personas exitosas:

Asumen riesgos

Se aferran a sus decisiones

Establecen límites saludables

Retribuyen

Trabajan de forma inteligente

Van al gimnasio espiritual (leen libros de autoayuda, hacen ejercicio, meditan, trabajan con grupos de mentes maestras, etc.)

Delegan

Aprenden constantemente

Son disciplinados

Se concentran

Practican la paciencia

Se rodean de gente fabulosa

Hablan sobre las ideas y no sobre las personas

Buscan apoyo y no se rinden
Son puntuales
Saben lo que está ocurriendo a su alrededor
Saben lo que está ocurriendo con su dinero

Son cosas de las que hemos estado hablando, pero es importante estar conscientes del hecho de que todas estas cosas son hábitos. Así pues, si tienes malos hábitos que estén impidiéndote desarrollar estos buenos hábitos, haz el esfuerzo consciente de alterar tu flujo y adquirir nuevos hábitos. Estos son algunos de mis consejos favoritos para hacerlo:

1. Ten cero tolerancia a las negociaciones. Quizá mi mejor consejo en lo que se refiere a formar nuevos hábitos consiste en salirte del proceso de negociación. Digamos que has decidido que vas a formar el hábito de hacer cinco llamadas de ventas antes del almuerzo todos los días. Justo cuando estás a punto de marcar el número telefónico, te viene a la cabeza la idea de checar tu cuenta de Facebook una vez más para ver si alguien comentó la fotografía que publicaste de tu abuela en traje de baño. En el momento en el que ese pensamiento venga a tu mente, lo reconoces por lo que es: una negociación que te aleja de tu meta. «Solo voy a entrar a Facebook por un minutito». O si has dejado de beber, podría ser: «tal vez solo voy a darle otro sorbo». O si estás meditando: «tal vez voy a detenerme antes de que el cronómetro suene. De cualquier forma, creo que ya terminé». Son estos pequeños momentos, estas decisiones de un nanosegundo, en lo que se basa tu éxito financiero. No es solo que todos estos momentos se sumen, sino que cada uno opera como una grieta en tu determinación y es el lugar donde otras excusas pueden y van a filtrarse. He aquí cómo puedes anclarte en una nueva actitud chingona de no negociación:

a. Identifícate con el nuevo hábito. Soy una persona exitosa que hace que las cosas ocurran y no alguien que se la pasa navegando en Facebook. Ni siquiera es un punto en mi radar.

No bebo, así que ¿por qué habría de considerar siquiera dar-le un sorbo a una bebida alcohólica más de lo que conside-raría oler pegamento? No huelo pegamento y no bebo. Fin de la historia.

b. Conoce tus negociaciones. Tendemos a no ser terriblemen-te creativos o variados cuando tratamos de convencernos de no hacer aquello que es bueno para nosotros. Tendemos a apegarnos al mismo guion —si no está descompuesto, no lo arregles—, así que debería ser bastante fácil reconocer tu método comprobado para sacarte de tu ruta. Permanece alerta y en el instante en el que tu excusa favorita surja —*un cigarrito no va a matarme* u *otros cinco minutitos más*— re-conoce la negociación y no la consideres ni siquiera por un breve instante, porque una vez que entres en una conver-sación con ella, ya te jodiste. Simplemente sigue adelante como si nunca hubiera pasado.

2. Conecta tu nuevo hábito con otro hábito o conducta. Tantos de nuestros hábitos van de la mano —beber y fumar, hacer ejerci-cio y comer bien; mentir, engañar y robar— que si estás tratando de crear un nuevo hábito, conectarlo con un hábito o conduc-ta existente puede ser de gran utilidad. Digamos que quieres formar el hábito de concentrarte mejor. Podrías aparejarlo con apagar tu celular y dejarlo lejos. El acto físico de lidiar con el te-léfono disparará el recordatorio mental de enfocarte en lo que tienes frente a ti.

O digamos que quieres formar el hábito de asumir riesgos. Tal vez inventas algún tipo de canción que se te mete a la cabeza cada vez que vas a dar un salto o a hacer algo que te da miedo. O el sonido de una multitud que te da ánimos. O un sonido de fuegos artificiales. O tal vez comienzas a asociar tu taza de café matutina con sentarte a leer el libro motivacional que estás leyendo. Crea un sistema de apoyo para tu nuevo hábito.

3. Fortalece tu fuerza de voluntad. Además de permanecer emocionalmente vinculado con el porqué de tu meta, tu músculo de la fuerza de voluntad puede fortalecerse así:

a. Anticipa la incomodidad. Cuando sabes que duplicar tu tarifa te hará sentir raro y te dará miedo, ten estos sentimientos antes de llevarle tus nuevas tarifas a tus clientes. Quédate en la incomodidad; acostúmbrate a ella, date cuenta de que es solo parte del proceso y no hagas un drama enorme al respecto. Asocia tu incomodidad con lo maravilloso que es avanzar y tener éxito en lugar de con algo aterrador que pueda detenerte.

b. Encuentra un socio de responsabilidad. Es mucho más probable que seamos puntuales, estemos preparados y nos vistamos con algo más que nuestra bata de baño cuando otras personas están involucradas. Encuentra a alguien que esté trabajando para convertirse en un verdadero chingón, como tú, y pídele que sea tu socio de responsabilidad. Cuéntense sus metas cada semana y verifiquen periódicamente entre ustedes para asegurarse de que ambos permanecen en ruta. Recuerda que quien bien te quiere te hará llorar, así que si tu socio dice que va a hacer algo, no dejes que se salga con la suya y pídele que haga lo mismo por ti.

c. Visualiza el resultado final con una emoción profunda. Antes siquiera de empezar lo que estás haciendo, emociónate tanto que no solo lo hagas, sino que tengas un éxito arrollador. Siente el alivio, la alegría, la chingonería primero, y luego ponte a trabajar.

EL CURSO CORRECTO

Hace algunos años, cuando estaba en Milwaukee visitando a una amiga, tomamos un tour en la Miller Brewing Company. Mientras recorríamos las instalaciones, probando muestras de cerveza en vasitos de plástico, aprendí algo que no sabía y que me hizo tener un nuevo respeto hacia la champaña de las cervezas. Unos 60 años después de que Miller Brewing abriera sus puertas, el gigante aguafiestas de la prohibición arremetió contra el país, arruinando incontables fiestas y devastando a cientos de cervecerías. Pero no a Miller. En lugar de decir: *¡vaya! Ese sí que fue un viaje divertido y largo. Deberíamos ver si la cafetería que está al final de la calle sigue contratando*, sabían que cuando una puerta se cierra, otra se abre, y buscaron nuevas formas de crecer. Comenzaron a producir leche malteada, miel de malta, refrescos y cerveza sin alcohol, cambiaron su nombre a Miller Products Co., y se aferraron a la vida durante un momento súper tambaleante. Con estos nuevos productos y con algunas inversiones inteligentes que hizo la familia propietaria del negocio, lograron superar los áridos años de sequía hasta que lograron llegar a la espectacular fiesta que se encontraba al otro lado de la prohibición.

Era una compañía que vendía alcohol. El alcohol se volvió ilegal. Tenían tres opciones: violar la ley, admitir la derrota o corregir la ruta. Todo lo que tienes que saber es que si deseas algo, está a tu disposición. Mantener ese deseo vivo y más real que todas las «señales» de que es tiempo de aventar la toalla lleva finalmente al éxito. Recuerda, no te corresponde saber el cómo; eso le toca a la Inteligencia Universal. La entrega es una parte absolutamente vital de ser tenaz, y la tenacidad no implica empujar tan duro que alejes justo lo que estás tratando de alcanzar; tiene que ver con la acción decidida junto con una disposición a tomar caminos nuevos previamente no recorridos que te llevan al lugar al que deseas llegar. Permanecer en curso implica hacer algunos giros en el camino. Ser terco, negarse a fluir, te dejará en una zanja con la bolsa de aire explotada en tu rostro. Jamás te des por vencido, corrige tu ruta cuando sea necesario y ten fe en que si tienes el deseo, el Universo te apoya.

PARA SER RICO

Mantra de dinero sugerido (dilo, escríbelo, siéntelo, hazlo tuyo):

Amo el dinero y no voy a rendirme hasta que esté rodeado de toda la riqueza que deseo.

1. Lee la biografía de alguien rico que te resulte inspirador.
2. Observa tres hábitos no tan buenos que tengas y elabora un plan para cambiarlos a buenos hábitos.
3. Acude al gimnasio espiritual todos los días. ¿Qué vas a hacer todos los días para mantener tu frecuencia elevada, tu fe fuerte, tu mentalidad sólida y tu tenacidad inamovible? ¿Qué libro de autoayuda vas a leer, qué música vas a escuchar para animarte, qué afirmaciones vas a escribir? ¿Vas a meditar, escuchar meditaciones, escribir en tu diario, hacer ejercicio? Planea algún tipo de práctica espiritual que hagas todos los días para permanecer en forma. Aun si solo se trata de 15 minutos al día, esto es crucial para tu éxito. La mentalidad es un músculo, y precisamente como tus demás músculos, una vez que estás en forma no dejas de ejercitarte; tienes que seguir haciéndolo si quieres seguir siendo poderoso.

Por favor, llena el espacio en blanco:

Estoy agradecido(a) con el dinero porque _____

_____.

CAPÍTULO 13

AL CAMBIO LE GUSTA
ESTAR ACOMPAÑADO

Toda mi familia vive muy cerca del pueblo en el que crecí, y la última vez que los visité, mi hermano y yo decidimos dar un paseo por el camino de los recuerdos. Caminamos por un camino de tierra que pasa por el bosquecillo que rodea nuestro viejo vecindario, dimos vuelta en la calle en la que vivimos durante nuestra niñez y nos quedamos al inicio de nuestra antigua entrada para auto. Sin éxito, tratamos de encontrar la tumba de los incontables miembros de nuestra familia animal ya fallecida hace mucho tiempo, ahora enterrados debajo de una gruesa capa de arbustos junto al camino: Schmoo, el pequeño Gus, Spooky, Happy, Bubbles, Phreen, Bathead, Mr. Squirrely Jones, por nombrar unos cuantos.

Pasamos por la casa de los Roys, nuestros ancianos vecinos que tenían una alberca, y que eran increíblemente malos para captar las indirectas ya que nunca nos invitaron a su casa, sin importar cuánto tiempo estuviéramos recargados contra la cerca separando nuestras cosas, con el traje de baño puesto, toalla en mano, viéndolos nadar. Nos dirigimos al pueblo, pasamos por la secundaria donde me dieron un golpe en el estómago y donde Ivan Scott me llamó «estúpida gorda a la n potencia» por haberlo vencido cuando jugábamos beisbol con bolas de papel, y regresamos al bosque y nos dirigimos al siguiente pueblo donde el camino finalmente se abría y desaparecía en los enormes terrenos propiedad de un castillo. Este castillo fue alguna vez hogar de personas acaudaladas tipo padres fundadores; ahora era una especie de museo. Cuando éramos niños solíamos ir ahí todo el tiempo en viajes escolares y unas personas vestidas con ropa antigua nos instruían sobre la historia del lugar. Nos enseñaban a hacer mantequilla y a poner un sello de cera en una carta y nos explicaban cómo utilizaban sanguijuelas en lugar de aspirina. En aquel entonces, este castillo parecía el edificio más grande, más grandioso y más colosal del mundo. Sin embargo, mientras mi hermano y yo estábamos ahí, parecía muy... blandengue. De hecho, todo lo que vimos en nuestra caminata ese día parecía increíblemente insignificante: nuestra antigua casa, el área de juegos en nuestro patio trasero; incluso la estupenda alberca de los Roys se veía más pequeña. Mientras caminábamos nos maravillamos por esto, y todo tenía una lógica perfecta ya que en aquel tiempo éramos mucho más pequeños. Pero, vamos, ¿también el castillo? No teníamos problema con que se viera un poco más pequeño, pero esto era ridículo; era un maldito castillo. ¡Debía tener cierta grandiosidad! ¿Acaso había otra ala que no observamos? Tal vez si caminamos por este otro lado podremos verlo... ¿no? Seguimos caminando, recorriendo el terreno, convencidos de que frente a lo que nos encontrábamos debía ser la casa del conserje. ¿O tal vez la tienda de regalos? Debía ser la tienda de regalos. Sin embargo, después de un tiempo nos dimos cuenta de que eso era todo, el gigantesco castillo de nuestra juventud con toda su gloria liliputiense.

Lo mismo ocurre cuando creces en el departamento de la mentalidad: muchas cosas que alguna vez parecían extremadamente grandes, ya no lo son. Por ejemplo, piensa en algo que representaba un miedo gigantesco y omniconsumidor que venciste y que ahora no es más que un recuerdo vago, si es que puedes recordarlo en absoluto: tu primer día en un nuevo trabajo, cuando tuviste a tu primer hijo, cuando le pediste el divorcio a tu esposa, cuando le pediste un aumento de sueldo a tu jefe, aquella vez en la preparatoria cuando te llevaste el auto de tus padres sin permiso y tuviste que decirles que accidentalmente te estrellaste contra la puerta del supermercado cuando perdiste el control mientras dabas vueltas en el estacionamiento. En aquel momento, la incomodidad era tan intensa que pensaste que ibas a explotar, y ahora cuando piensas en esos miedos, te parecen cosas prácticamente insignificantes.

A medida que vas evolucionando, resulta útil tener en mente que todos los obstáculos y miedos aparentemente infranqueables que estás enfrentando en este momento en tu camino hacia la riqueza algún día también serán migajas insignificantes que caerán por las grietas de tu memoria: tu miedo a enfocarte en hacer dinero y que sea un esfuerzo aburrido, las dudas que tienes de poder hacerte rico de una forma honesta, tus preocupaciones sobre lo que otras personas podrían pensar, tu terror a asumir los riesgos que necesitas tomar, tus sentimientos generales de agobio y autosabotaje. En lugar de quedar atrapado en el drama, ve estas creencias limitantes por lo que son *mientras estás experimentándolas*: son fantasías. Imagina que estás en el futuro y las miras desde ese punto mientras estás nadando en dinero. En el futuro, sabes con certeza que estos pensamientos y creencias inútiles no son verdad, que tú posees la mentalidad poderosa para despojarlos de su poder y que les espera una dosis de achicamiento.

Recuerdo que en aquel entonces, cuando estaba trabajando diligentemente en mi relación tambaleante con el dinero, me costó mucho trabajo creer toda la publicidad extravagante sobre el asunto de la mentalidad. Todos los gritos y sombrerazos sobre el pensamiento positivo y la fe y la gratitud y la conciencia: en serio, tenía que haber más que eso para hacerse rico. Me imaginaba que el proceso de ajustar tu situación financiera era un desafío más del tipo del Cubo de Rubik, o, al menos, el agotador equivalente de ir a la universidad o escalar una montaña con un niño grande colgado de tu espalda. Sin embargo, ¿enterarme de que una decisión inamovible de ser rico —¡una decisión, por el amor de Dios!— era prácticamente la principal diferencia entre mi trasero en bancarrota y todas esas personas que vivían a lo grande? *¿Por quién me tomas? ¿Por una idiota?*

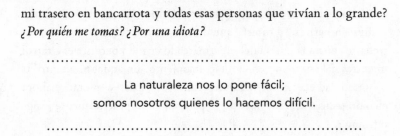

La naturaleza nos lo pone fácil;
somos nosotros quienes lo hacemos difícil.

Por supuesto, existen normalmente muchos saltos tenaces, aterradores y radicales hacia lo desconocido involucrados en el hecho de hacerte rico, pero la mayor transformación ocurre en verdad entre tus oídos. Y quiero subrayar que *no es difícil*. Casi puedo garantizarte que has trabajado más duro en otras cosas en tu vida que lo que tendrás que trabajar para ser un chingón financiero. No estoy diciendo que no vas a tener que trabajar duro en lo absoluto, pero lo que sí estoy diciendo es que mi vida con dinero es mucho más fácil que lo que fue alguna vez sin él.

Y he aquí el maravilloso premio extra que viene con este asunto de dominar tu mentalidad, como si hacerte rico no fuera lo suficientemente maravilloso:

Una vez que comienzas a cambiar tu mentalidad y a entrar en el flujo del dinero, tu energía cambia y muchas otras partes de tu vida comienzan a cambiar también. Transformar tu realidad financiera no solo tiene que ver con observar alegremente cómo los números crecen en tu cuenta bancaria; tiene que ver con la persona en la que tuviste que convertirte para hacer que ese crecimiento ocurriera. Tuviste que despojarte de tus antiguas formas de ser y convertirte en alguien que piensa en grande, alguien a quien le parece que las posibilidades son más interesantes que sus excusas, alguien que considera que su cartera vacía no representa realmente lo que ella vale, y alguien que no tiene idea de cómo diablos va a quitarse esto de encima como un pequeño bachecito en su sendero hacia la grandeza. Si puedes volverte rico, puedes hacer cualquier cosa, porque no solo eres el tipo de persona que ahora es fantástica y se las sabe de todas, todas, sino que todo está conectado. Las creencias limitantes que te impedían hacer dinero son prácticamente la misma porquería que está manteniéndote con diez kilos de más o que te inspira a salir con personas a las que no les gustas o que han empañado tu panorama con la duda y la indecisión: el dique se ha roto, las compuertas de la chingonería están ahora abiertas y tus creencias limitantes han quedado expuestas como el fraude que son.

Es como cuando te pones en forma después de un serio brote de flojera y dejadez y comienzas a comer mejor, caminas más erguido, estás más concentrado, más feliz, te sientes más confiado, con más energía, más sexy, mejor depilada. Si quieres cambiar tu vida, cambia tu vida.

....

La chingonería busca su propio nivel.

....

Me gustaría terminar aquí recordándote que no solo tienes dentro de ti en este momento absolutamente todo lo que necesitas para ser rico, sino que el Universo te está respaldando y te está dando ánimos, tal y como lo hace con todas las cosas vivas en la naturaleza. Es como cuando ves a una amiga súper increíble, hermosa y talentosa sentada preocupándose porque no sabe lo que está haciendo, dudando de su luz, quejándose de su pequeño mentón: quieres sacudirla, despertarla, crear una presentación de PowerPoint que destaque todas sus características maravillosas. Estás muy emocionada de mostrarle toda su grandeza y lo digna de amor que es y quieres con todo tu corazón que entienda que sin ningún problema podría hacer cualquier cosa que se propusiera. Quieres que vea en sí misma lo que tú ves en ella. Así es como el Universo se siente en relación contigo y con tu lucha con el dinero. Al Universo le está dando un ataque al corazón de pensar lo maravilloso que eres, y tiene listo todo lo que necesitas para ayudarte a ser rico, y solo está esperando que hagas algo, que dejes de enfocarte en tus creencias limitantes y que te subas al tren de la fiesta del dinero.

Vivimos en un Universo abundante donde todo el dinero que deseas está a tu disposición. Tan pronto como en verdad, en verdad, decidas hacerte rico, te abrirás a los medios para hacer que suceda. ¿Te imaginas lo increíblemente fantástico que vas a sentirte cuando derrotes por completo a la bestia de la batalla con el dinero; cuando desafíes toda una vida de «verdades» sobre tu capacidad de tener éxito y conquistes los malignos caminos del dinero? Imagina el alivio y el sentido de logro cuando tú y el dinero sean los mejores amigos, entrando y saliendo uno de la vida del otro, apoyándose mutuamente, uno cepillando el cabello del otro. Ya has hecho antes lo imposible: has obtenido el trabajo para el que «no estabas calificado», ya conseguiste a la chica o chico, ya te mudaste al otro lado del país, compraste la casa, ya lograste sacar las llaves de tu auto sin romper una ventana. También puedes hacerte rico. Eres un imán poderoso y magnífico, más allá de toda medida, mi pequeño saltamontes. Estás destinado a ir tras tus deseos. Estás destinado a florecer para convertirte en la más elevada expresión de tu particular y fantabulosa chingonería. Estás destinado a ser rico.

AGRADECIMIENTOS

Este libro no habría sido posible sin toda la gente chingona que existe y que valientemente está cambiando su vida y mejorando el mundo. Gracias por creer en ustedes mismos y por creer en mí. Gracias a mi agente, Peter Steinberg, por sus muchos años de apoyo, por su oleada constante de grandes ideas y su callada valentía. Gracias a mi editora y camarada de nacimiento, Laura Tisdel, por sus brillantes y divertidas reflexiones, por animarme sin cansancio y por su capacidad de pensar con lucidez a pesar de tener nueve meses de embarazo. Gracias a Tami Abts, Juli Curtis y Olive Curtis-Abts por cuidar de Mokee y de mí. Gracias al maravilloso equipo en Viking: Lydia Hirt, Alison Klooster, Kristin Matzen, Jessica Miltenberger, Lindsay Prevette, Andrea Schultz, Kate Stark, Amy Sun, Brian Tart, Emily Wunderlich, Tess Espinoza, Jane Cavolina y Jason Ramírez. Gracias a *Downtown Subscription* y a mis lectores asiduos, a todos los increíbles libreros que han ayudado a difundir la chingonería, y a mis adorables amigos y familiares que me recuerdan diariamente lo millonaria que soy en verdad.

ÍNDICE

Introducción 9

Capítulo 1
DARTE PERMISO 17

Capítulo 2
POR QUÉ NO ESTÁS NADANDO
EN DINERO. TODAVÍA............................. 31

Capítulo 2a
UN PEQUEÑO PERO PODEROSO
CAPÍTULO SOBRE LA INTELIGENCIA UNIVERSAL 51

Capítulo 3
MUÉSTRAME EL DINERO 59

Capítulo 4
LAS MEJORES PRÁCTICAS
PARA SALIR DE LA QUIEBRA........................ 71

Capítulo 5
LOS GRITOS DE TU CORAZÓN...................... 87

Capítulo 6
TU FÁBRICA MENTAL DE DINERO 105

Capítulo 7
LA FE Y EL ORO DE LA GRATITUD 131

Capítulo 8
ACCIÓN DECIDIDA:
LA ELECCIÓN DE LOS CAMPEONES 145

Capítulo 9
ARRIBA Y ADELANTE 161

Capítulo 10
Y AHORA, UNAS PALABRAS DE PARTE
DE MI CONTADOR 177

Capítulo 11
TU RIQUEZA INTERNA 199

Capítulo 12
TENACIDAD 213

Capítulo 13
AL CAMBIO LE GUSTA ESTAR ACOMPAÑADO 227

AGRADECIMIENTOS 233